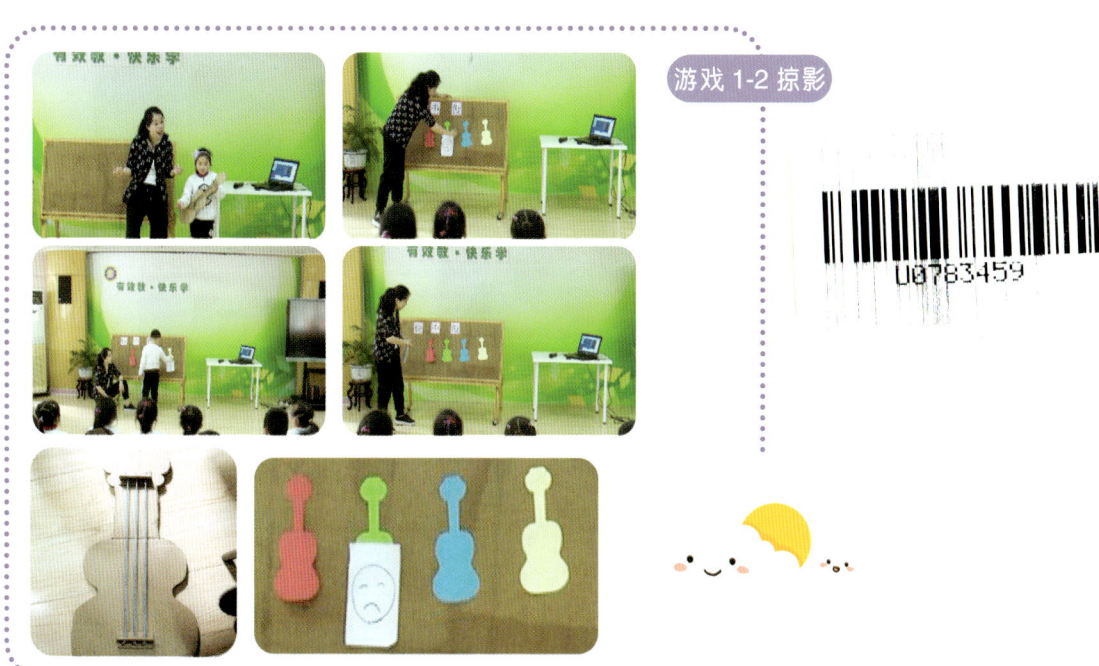

**游戏 1-4 掠影**

**游戏 2-1 掠影**

**游戏 2-2 掠影**

**游戏 2-3 掠影**

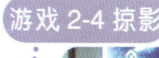

游戏 2-4 掠影

游戏 3-1 掠影

游戏 3-3 掠影

游戏 3-2 掠影

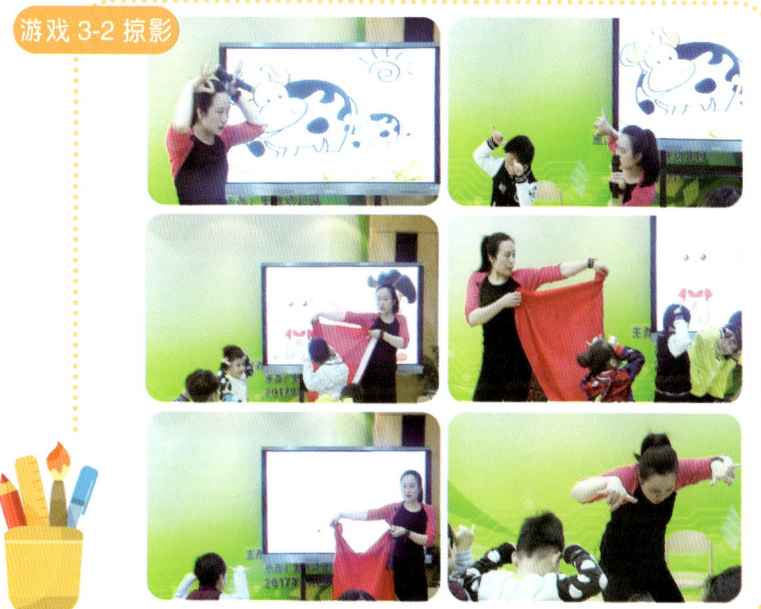

李慰宜教师培训学校
LIWEIYIJIAOSHIPEIXUNXUEXIAO

幼儿园教师胜任力培训丛书

yinyue
youxi

爱上
音乐游戏

微课版

幼儿教师基本功

曹冰洁 主编

华东师范大学出版社
·上海·

**图书在版编目（CIP）数据**

幼儿教师基本功.爱上音乐游戏／曹冰洁主编.—
上海：华东师范大学出版社，2019
（幼儿园教师胜任力培训丛书）
ISBN 978-7-5675-9570-5

Ⅰ.①幼… Ⅱ.①曹… Ⅲ.①音乐课 — 教学研究—学
前教育 Ⅳ.①G613

中国版本图书馆CIP数据核字（2019）第168842号

# 幼儿教师基本功：爱上音乐游戏

主　　编　曹冰洁
责任编辑　范美琳
责任校对　林文君　时东明
装帧设计　俞　越
插　　画　季佳晓

出版发行　华东师范大学出版社
社　　址　上海市中山北路3663号　邮编 200062
网　　址　www.ecnupress.com.cn
电　　话　021-60821666　行政传真 021-62572105
客服电话　021-62865537　门市（邮购）电话 021-62869887
地　　址　上海市中山北路3663号华东师范大学校内先锋路口
网　　店　http://hdsdcbs.tmall.com/

印 刷 者　常熟市文化印刷有限公司
开　　本　787毫米×1092毫米　1/16
印　　张　11.25
插　　页　3
字　　数　199千字
版　　次　2020年7月第1版
印　　次　2023年5月第4次
书　　号　ISBN 978-7-5675-9570-5
定　　价　48.00元

出 版 人　王　焰

我们学校有个"爱上课俱乐部",顾名思义,是个喜欢上课的俱乐部。参加俱乐部的年轻教师都是每年我校导学班评选出来的优秀学员,大家聚在一起研讨、实践,就是为了能在幼儿园与孩子们一起上好课。年复一年,我们乐此不疲。而我们"爱上课俱乐部"中的"音乐工作坊",主要是带着孩子们畅游在音乐活动中,使他们快乐成长。

根据《3—6岁儿童学习与发展指南》,我们围绕艺术教育中对音乐目标的学习和解读,共同研讨了以下几个问题:

## 一、幼儿音乐教育目标

### (一)引发幼儿参与音乐活动,萌发感受美、表现美、创造美的情趣与能力

音乐活动不能片面强调知识技能的传授与训练,而应重视对幼儿审美能力的培养。教师要重视调动幼儿的情感与生活积累,使其主动愉悦地体验音乐的美感、氛围,并鼓励其把自己内心的体验以艺术的形式表现出来,真正发展幼儿对美的感受力、表现力和创造力。审美能力的培养和音乐表现的知识技能传授的关系不是相对立的、相排斥的,而是密切联系、不可分割的。只有在学习简单知识技能的过程中,幼儿的能力才能被逐步培养起来。

### (二)激励幼儿乐意尝试操作材料,发展综合能力

如何才能使幼儿掌握一些简单的知识技能呢?用一句话来总结,那就是一定要让他们在主动参与中亲自操作体验,从而真正获得对音乐的认识。教师要给幼儿提供充分的时间、材料和机会,让他们在操作材料(如音乐、乐器)的过程中真正得到满足,从而发展他们的观察、思维、想象、动作协调、合作和听辨等能力。

### (三)鼓励幼儿联系已有经验,大胆表达表现,发展自主意识与独立人格

鼓励幼儿根据音乐主题联系已有经验开展丰富的想象,主动运用各种方式创造性地表达自我认识与情感,从而发展自我意识,健全人格。比如"蝴蝶找花"的游戏就通过认识蝴

蝶—绘画蝴蝶—制作蝴蝶（涂色、手工做道具）—欣赏音乐（用语言表达感受）—学唱歌曲《蝴蝶找花》—做韵律动作"蝴蝶飞飞"—区角表演游戏（各种规则）的过程,强调了多方面的综合表现。

通过多种经验,不仅可以发展幼儿的音乐知识和技能,更重要的是可以发展幼儿的个性,培养其社会性。在这些过程中,幼儿的自控力不断增强,纪律性和责任感也得到了加强。在随乐曲主题创造性地即兴创作动作中,幼儿各自做各自的动作,他们大胆参与,勇于表现,不断认识自我、表现自我,建立自信。在合作交流中相互学习、补充,更进一步激励了幼儿创造性潜能的发挥,逐渐使幼儿学会学习、学会创造、学会合作。

## 二、音乐教育的各项活动

### （一）音乐教育与幼儿全面发展

我们打破以学一首新歌、一种律动为中心的单调教学模式,注重让幼儿操作音乐（指幼儿在和谐的音乐环境中听辨、欣赏、学唱乐曲,摆弄、敲打乐器,表现身体动作等活动的总和）,使幼儿在聆听、模仿、运用、创造的过程中,不仅音乐素质和音乐能力有了明显的提高,而且综合素养也得到了整体发展。

音乐教育以主题教育为背景,以音乐为主线,纵向有序、横向渗透。在实施过程中的每一个阶段,幼儿的探索、操作都以音乐的五个要素（音高、力度、曲式、音色、节奏）为主线,并

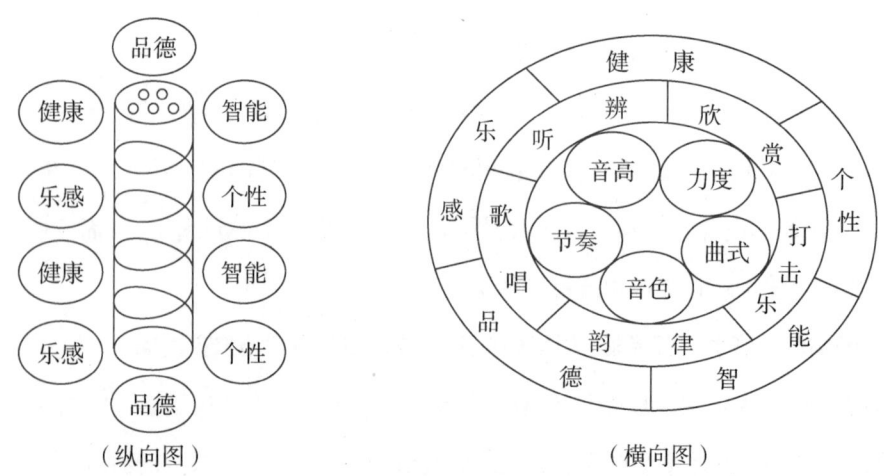

（纵向图）　　　　　　　　　（横向图）

**图1　音乐教育与幼儿全面发展**

通过听辨、欣赏、打击乐、韵律、歌唱五个方面的活动循环往复、螺旋式上升，辐射体、智、德、美，并与知、情、意、行相联系，使幼儿得到全面发展。

**（二）音乐操作内容之间的关系**

在整个音乐活动中，怎样去促进幼儿综合素养的发展呢？要解决的根本问题是：让幼儿在活动中知道什么、愿意做什么、能够干什么。只重视技能而忽略认知、情感与态度培养的教育，很难想象能在音乐活动中促进幼儿综合素养的全面发展。

音乐是听觉艺术，应以听辨为主。听辨不是随便听听，是注意地听、有思考地听，不仅是倾听，还要能区分、辨别，要听出点门道来。如果幼儿不懂听的重要性，不积极主动地去捕捉周围的声音，又怎么能掌握听辨技能，培养倾听行为并提高自身的听辨能力呢？所以，教师只有了解音乐方面的知识，表现出积极从事音乐活动的意识和态度倾向，并具有从事音乐活动的能力，才能使幼儿在活动中获得真正的发展。同时幼儿才能"有意识地去做"，才会"乐意做"、"喜欢做"，才会"能够做到"，才能在活动中增强自信、获得成功、发展个性。

因此，在五类音乐活动中，教师要以听辨活动为基础，有序地、由浅入深地引导幼儿探索和发现音乐的简单概念，然后在欣赏活动、打击乐活动、韵律活动和歌唱活动中扩展其内容。

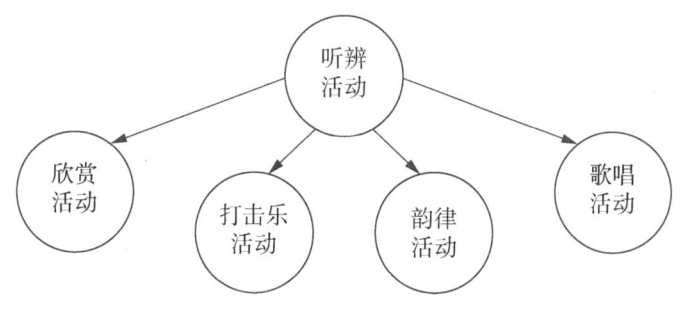

图2　音乐操作内容之间的关系

**（三）在游戏化的音乐活动中发掘幼儿的创造力**

（1）游戏化。教师要尽力将音乐内容的设计和教学游戏化，让幼儿在操作游戏的过程中不知不觉地获得知识、发展能力。在游戏中侧重引导幼儿对声音或音乐的听辨结果快速作出反应，以培养幼儿对音乐的高低、强弱、快慢、音色、乐句的分辨能力，在音乐的伴随下进行游戏。幼儿必须根据音乐的性质、情绪、节奏、结构等要求参加活动，游戏中的规则是建立在特定的音乐教育目标的基础上的,并逐渐深化,有序递进。

（2）发掘创造力。在音乐教育的五个活动形式中,教育的最终目的是发展幼儿的综合素养,而培养幼儿的创造力、挖掘幼儿的潜在能力是自始至终贯穿于活动的红线。

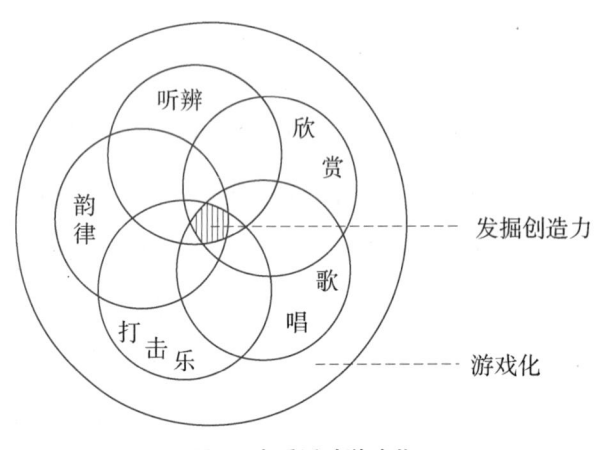

图3　音乐活动游戏化

## 三、教师在音乐活动中的角色定位

"教得对"和有效教学是教师组织音乐教学活动的底线。"教得对"才能教得好,也就是说让不会教的教师教得对,让会教的教师教得好,最终达到创造性地教与学的目标。有效教学指既让幼儿玩得开心,又让教师教得有效。前者最重要的是顺应幼儿的自然发展,后者主要是为了促进幼儿的发展,将幼儿的发展纳入社会需要的轨迹。有效教学具有付诸于行动的信念(观念、行为),即教师通过一段时间的教学,让幼儿获得进步与发展(有高效的、中效的,也有无效的)。因此,教师的角色定位极其重要。

1. 示范者、主动参与者、支持者和资源提供者。

2. 相信幼儿有能力学习,教师是忠实的倾听者、欣赏者和激励者。

3. 帮助幼儿成为主动学习者。幼儿的发展与教师计划及引发的群体活动有关,也和教师与幼儿之间持续性的共享思维数量有关。有效的教学既是"教学",同时也是有指导性的学习环境和园内常规的提供。

4. 积极回应幼儿的个别需求。在有效的教学中,教师会评价幼儿的成就,从而保证为其提供既有挑战又能达到的经验。好教师不仅能给幼儿提供最佳的指导，而且还能提供最佳类型的互动和引导，但这种互动和引导并不会支配幼儿的思维。

5. 提供丰富的学习环境（心理安全、自由宽松）。材料的准备可由师生共同参与。此外，教师可提供各种信息的环境，在师生、生生、生材互动过程中便于幼儿建构，追求童龄妙音、童龄妙语、童龄妙画、童龄妙舞。继《音乐活动这样做》出版后，我们又专门对音乐游戏这个专题进行了学习、研讨和实践，因而本书是围绕音乐游戏展开的，从幼儿音乐游戏的目标、内容、选材、注意问题几个方面加以展示。

我们的"爱上课俱乐部音乐工作坊"展示的不仅仅是几个讲座或几个实例，而是我们这一群爱上幼儿、爱上幼儿教育，一生留在平凡幼儿教育第一线的新老幼教人留下的足迹。我们的"爱上课"不是盲目的，而是和国家的振兴、幼儿的健康成长息息相关的，它反映了教育事业飞速发展的当下，作为一线教育者的我们，如何不断学习国内外先进的理念和教育经验，并进行本土化实践，从而走出一条符合中国特色的幼儿音乐教育之路。我们愿意将这些理念、思考、实践操作与大家分享、共同探索，进而走向更好的明天！

编　者

2020年4月

# |目录|
## CONTENTS

# |目录|
## CONTENTS

# |目录|
## CONTENTS

# |目录|
## CONTENTS

# 第一讲

关于

## 音乐游戏的

## 思考与实践

**·导 读**

  此讲主要通过介绍两种类型的音乐游戏，即歌舞游戏和表演游戏，指出音乐游戏不同于一般音乐伴奏活动的特点，即音乐游戏是有一定的音乐目标的游戏。在游戏中，幼儿需要根据音乐的性质、节奏、曲式等做出反应，并遵守一定的游戏规则。游戏的目的在于发展幼儿感知音乐的能力，提高其注意力、记忆力和听辨反应能力，进而推进幼儿综合素养的发展。

# 小动物找朋友（中班）

### 王 云

## 游戏背景

小动物是幼儿喜欢的形象,幼儿喜欢模仿它们的叫声和走路的样子,因此,我借助《唱不完的歌》特有的旋律特征,将不同动物的叫声填入歌曲。在游戏中,通过表演唱、接龙演唱的方式,让幼儿了解小动物出现的顺序;通过变化小动物的出场顺序、歌曲伴奏的速度增加歌曲的游戏性,并用一动一静的方式表现歌曲内容,增添了游戏的趣味性。到了活动尾声,我增加了更多会叫的动物,使游戏得到了持续性的发展。游戏中幼儿的注意力、倾听能力、即时反应能力得到了提升,他们在不断变化的游戏中感受到了音乐带来的快乐。

## 游戏目标

1. 幼儿根据图片的顺序和音乐速度的变化改变歌曲的演唱方式,提高自身的倾听能力、注意力、即时反应能力和自控力等,感受游戏多变的快乐。

2. 幼儿通过在游戏中邀请同伴扮演其他小动物的方式,初次尝试与同伴合作游戏。

## 游戏准备

1. 各种动物的图片、小的动物图片挂饰（每人一份）、动物的家的图片。如图1、图2所示。

图1　小动物　　　　图2　动物挂饰

2. 幼儿会唱歌曲《唱不完的歌》。

## 游戏过程

### 一、幼儿根据图片顺序唱歌

教师在黑板上将动物图片贴成一个圆圈,幼儿根据图片的内容和顺序演唱歌曲《唱不完的歌》。

**第一轮规则:**按图片的顺序,全体幼儿共同演唱歌曲《唱不完的歌》。

**第二轮规则:**幼儿根据图片的顺序,接龙演唱歌曲《唱不完的歌》("开火车")。如幼儿人数较多,教师可指定两名或更多幼儿演唱同一种动物("两组或更多组火车"),幼儿需要站立演唱。

### 二、幼儿扮演小动物演唱

1. 给幼儿分发动物图片挂饰,让幼儿扮演相应的动物。根据黑板上动物图片的排列顺序,佩戴相应动物图片挂饰的幼儿一起上台演唱歌曲《唱不完的歌》,同时做动作,模仿相应动物的叫声。

### 规则

幼儿听音乐,根据音乐速度的快慢演唱歌曲,并改变模仿动物的动作速度(教师可先进行示范)。

2. 邀请个别幼儿上台,让幼儿根据佩戴的图片挂饰自由寻找下一个演唱的动物。

### 规则

幼儿唱到哪种动物,佩戴这个动物图片挂饰的幼儿就要接着唱。

3. 幼儿合作完成游戏:一个幼儿演唱歌曲,另外佩戴相同动物图片挂饰的幼儿用动作表现动物形象。

（1）佩戴相同动物图片挂饰的幼儿为一组,面对面进行游戏。一个幼儿演唱,其他幼儿用相应动作表现。

（2）幼儿分组进行"小动物找朋友"的游戏,一个幼儿演唱,同组其他戴相同动物图片挂饰的幼儿站在前面用相应动作表现。

（3）同伴合作时,一个幼儿演唱歌曲,另一个幼儿须保持身体不动,只有当同伴邀请到下一个动物（表明此次的合作结束了）时,这个幼儿才能恢复自己原来的样子。

## 游戏延伸

增加不同动物的图片,让幼儿自由寻找下一个跟唱的动物。

## 规则

幼儿唱到哪个动物,佩戴这个动物图片挂饰的幼儿就要站起来接唱。

## 想一想

1. 为什么要给幼儿佩戴不同动物的图片挂饰?

2. 为什么不让幼儿面对面进行游戏?

## 游戏反思

这个游戏以演唱歌曲为切入口,让幼儿在演唱的过程中感受不同小动物的叫声与表现,唱着唱着,似乎我们也变成了歌曲中的小鸡、小鸭,快乐地在一起游戏。在游戏中,幼儿通过集体演唱歌曲来感受小动物找朋友的不同顺序,之后的接龙演唱又锻炼了幼儿的注意力、倾听能力和即时反应能力。

**图3　按顺序演唱**

本游戏有两个亮点。亮点一：歌曲伴奏速度的变化使幼儿扮演的小动物们措手不及，有的"小鸡"刚看到"小羊"在唱歌，转眼就到了自己唱，幼儿们憨态可掬的动作、奇妙的演唱，使游戏更有趣。

亮点二：幼儿初次尝试朋友间的合作。在面对面进行游戏时，一个幼儿唱歌曲，另一个用动作表现歌曲中的动物形象。同伴在演唱歌曲时，另一个幼儿是不能动的，只有当同伴邀请到下一个动物，表明此次的合作结束时，这个幼儿才能恢复自己原来的样子。而在同向站立的游戏中，更需要幼儿具备专注的倾听习惯与自控能力，这样才能合作完成好朋友的游戏。游戏结尾时似乎已达到了高潮，此时我们可提供更多的动物图片，激发幼儿再次进行游戏的愿望，使游戏能够持续地发展。

扫一扫，获取现场
活动视频

附歌曲：

## 唱不完的歌

儿童歌曲

1 = F  4/4

| 6  5 | 4  4  4  6  7 | 1  1  1  4  5 | 6  6  6  4  5 | 6  5  5 |
| 小鸡 | 叽 叽 叽 小鸡 | 叽 叽 叽 来回 | 叽 叽 叽 来到 | 小鸭 家 |

| 6  5 | 4  4  4  6  7 | 1  1  1  4  5 | 6  6  6  4  5 | 6  5  5 |
| 小鸭 | 嘎 嘎 嘎 小鸭 | 嘎 嘎 嘎 来回 | 嘎 嘎 嘎 来到 | 小猫 家 |

| 6  5 | 4  4  4  6  7 | 1  1  1  4  5 | 6  6  6  4  5 | 6  5  5 |
| 小猫 | 喵 喵 喵 小猫 | 喵 喵 喵 来回 | 喵 喵 喵 来到 | 小狗 家 |

| 6  5 | 4  4  4  6  7 | 1  1  1  4  5 | 6  6  6  4  5 | 6  5  4 |
| 小狗 | 汪 汪 汪 小狗 | 汪 汪 汪 来回 | 汪 汪 汪 来到 | 老鼠 家 |

| 6  5 | 4  4  4  6  7 | 1  1  1  4  5 | 6  6  6  4  5 | 6  5  5 |
| 老鼠 | 吱 吱 吱 老鼠 | 吱 吱 吱 来回 | 吱 吱 吱 来到 | 小鸡 家。|

# 戴娜（大班）

### 王 云

## 游戏背景

大班幼儿已开始关注社会上出现的一些新鲜事物、热点节目等,在观看了电视上的歌唱比赛类节目后,他们被叔叔、阿姨演唱的歌曲所吸引,更被那些节奏感强的摇滚歌曲、边弹吉他边演唱的方式所吸引。因此,我借助这个热点,选择了一首歌词幽默、乐句工整的歌曲《戴娜》,利用自制吉他让幼儿通过边弹边唱的方式来玩游戏。整个游戏从节奏入手,通过让幼儿听辨乐句来进行歌曲的默唱,并用形象生动的"不出声先生"让他们感知休止,也就是不唱的时候还是有音乐存在的这种感觉,以此增强幼儿的音乐素养。

游戏活动结合大班幼儿的年龄特征,使其通过合作来玩这个游戏,更能让幼儿感受到与同伴在一起时的快乐。

## 游戏目标

1. 幼儿在会唱歌曲《戴娜》的基础上,在游戏情境中感受不同乐句的默唱。
2. 幼儿喜欢和同伴合作演唱歌曲,感受音乐游戏的乐趣。

## 游戏准备

1. 用橡皮筋和硬板纸自制的吉他若干把、"不出声先生"和"不出声小姐"图片(以下简称"不先生"和"不小姐"),如图1、图2所示。

图1　自制吉他

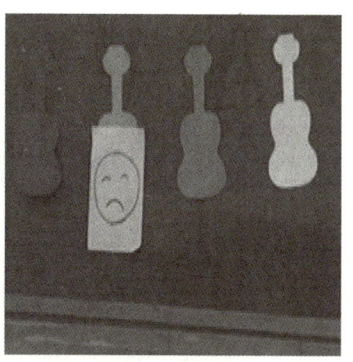

图2　"不先生"

2. 学习演唱歌曲《戴娜》。

3. 在个别化活动中增加边弹吉他边演唱歌曲的经验。

游 戏 过 程

## 一、幼儿集体弹吉他演唱歌曲

教师给幼儿分发自制的吉他,幼儿全体起立,在教师的带领下,大家跟随音乐边弹吉他边演唱歌曲《戴娜》。

规 则

教师先示范边弹边唱,然后依次变化弹奏吉他的速度(如唱一句弹一下吉他或唱一句弹四下吉他),引导幼儿用自己喜欢的速度,听着音乐弹吉他并演唱歌曲。

## 二、幼儿接龙演唱歌曲

教师在黑板上贴上"快"、"中"、"慢"三张文字图片,根据班级人数进行分组(如2人一组)。各组幼儿根据文字图片,自由选择弹奏速度,以小组接龙的方式演唱歌曲。

规 则

按教师给出的数字来确定分组人数;各小组按自行选择的速度接龙演唱歌曲《戴娜》。

## 三、幼儿用默唱的方式来演唱歌曲

1. 教师拿出"不先生"的图片,给幼儿介绍"不先生"(即"不先生"出现时不唱出声),并拿出4张不同颜色的吉他卡片,示范演唱歌曲《戴娜》,每唱一句,同时贴一张吉他卡片在黑板上,以此代表歌曲中的一个乐句。

2. 教师把"不先生"贴在其中一张吉他图片上,带领全体幼儿演唱歌曲《戴娜》。并邀请幼儿上台更换"不先生"的位置,带领大家再次演唱歌曲。

3. 全体幼儿拿起自制吉他,选择黑板上的一种速度,并根据黑板上"不先生"所在的位置,边弹吉他边演唱歌曲。

"不先生"贴在哪一句乐句上(即哪一张吉他图片上),那句乐句就在心里唱,嘴里不唱出声音。

### 四、幼儿分小组用默唱的方式合作接龙演唱歌曲

教师根据班级人数,将全体幼儿分为四组,分别对应四句乐句。教师依次邀请几位幼儿上台更改"不先生"的位置,小组自由选择弹奏速度,边弹吉他边演唱歌曲《戴娜》。

对应"不先生"所在位置乐句的幼儿只能默唱,其他幼儿分组进行接龙演唱。

教师向幼儿出示"不小姐"的图片,提问:还可以怎么玩?

想一想

1. 本游戏有哪些创新点?

2. 为什么教师不在PPT上变化"不先生"的位置呢?

### 游戏反思

音乐活动注重在主题背景经验的支持下,创设相关的游戏情境,以幼儿喜闻乐见的形式引导幼儿"用耳朵倾听,用音乐说话",感受音乐带来的快乐。如此一来,便能使幼儿在聆听、模仿、运用、创造的过程中提高音乐素质和音乐能力。近期,我们班的幼儿对吉他十分感兴

图3 默唱环节

趣,在个别化活动中,他们会拿着吉他边弹边唱,因此,借助幼儿中的热点,音乐游戏《戴娜》应运而生。

在游戏中,幼儿边唱边感受歌曲的乐句,并通过直观的吉他摆放,进一步了解了歌曲的乐句组成。通过出示形象生动的"不先生"图片来介绍一个具体的动作,让更多的幼儿通过演唱来理解乐句。游戏环节层层推进、层层深入,从而加深了幼儿对乐句的理解。


附歌曲:

# 戴　娜

儿童歌曲

1 = E

1 1　1 1　1　3 | 5　3　5　3 | 1 1　1 1　1　3 | 2　2　1　- |
没人 在家 只 有 戴 娜 戴 娜, 没人 在家 只 有 戴 娜 她。

1 1　1 1　1　3 | 5　3　5　3 | 2 2　2 2　3　2 | 1　-　-　- ‖
没人 在家 只 有 戴 娜 戴 娜, 弹着 她的 老 吉 他。

扫一扫,获取现场
活动视频

# 小木匠（中班）

## 陈 茗

## 游戏背景

小木匠游戏的灵感来源于我童年时的一个游戏——左手右手同时做不一样的事情，这让我印象很深刻，又觉得非常有趣。而音乐中的复合节奏便是两种节奏同时进行，十分适合这个一心两用的游戏，于是我加入了小木匠做木工的情景，将这个游戏设计成了音乐游戏。

## 游戏目标

1. 能协调双手，跟着音乐节拍同时做不同的动作。

2. 体验和同伴一同扮演小木匠的乐趣。

## 游戏准备

1. 会唱歌曲《小木匠》。

2. 知道木匠做什么工作，认识木匠的一些工具。

3. 钢琴、PPT、图谱。

图1 PPT

## 游戏过程

### 一、引入

1. 教师提问：小木匠有什么工具？这些工具有什么用呢？（PPT展示锤子和刨刀）

2. 我们可以用小手模仿木匠的什么工具？

3. 拳头可以想象成什么工具？（榔头、锤子敲敲敲）

4. 手掌可以想象成什么工具？（刨刀可以把木头磨光滑）

## 二、小木匠开始工作

1. 教师：制作一把小椅子需要哪些步骤？步骤如图2所示。

先用锤子敲打，再用刨刀推推（敲敲打打、推推光滑，可视情况反复几次），教师带领幼儿根据图片内容，边做动作边演唱歌曲《小木匠》。其中左手五指并拢代表刨刀，右手握紧成拳头代表锤子，分别在左右腿上做出推和敲打的动作，四个锤子代表锤子敲打四下，对应乐句中的"敲敲打打"，四个刨刀代表手掌在腿上由后往前推四次，对应乐句中的"推推光滑"。

两个动作先后进行，熟悉游戏。

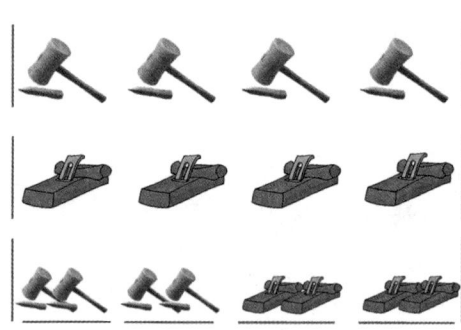

图2　做小椅子步骤

2. 教师：制作一张桌子和一把椅子有什么不一样呢？制作步骤如图3所示。

锤子和刨刀交替使用（敲敲打打、推推光滑，可视情况反复几次），教师带领幼儿根据图片，左手五指并拢代表刨刀，右手握紧成拳头代表锤子，仿照做椅子的步骤，边做动作边演唱歌曲《小木匠》。

两个动作交叉进行。

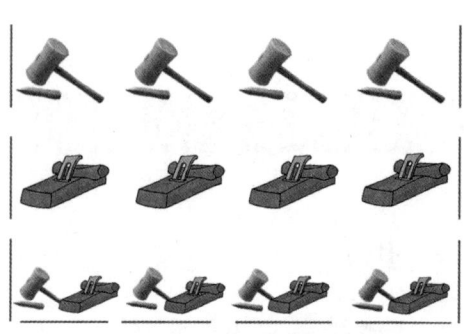

图3　做桌子步骤

3. 教师: 要做一张躺上去很舒服的小床有点难, 有谁发现哪一步有点难? 制作步骤如图4所示。

（教师演示双手同时工作, 幼儿尝试）教师带领大家根据图片, 左手五指并拢代表刨刀, 右手握紧成拳头代表锤子, 仿照做椅子和做桌子的步骤, 边做动作边演唱歌曲《小木匠》。

规则

两个动作同时进行。

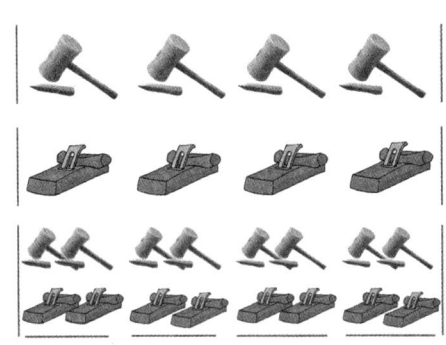

图4　做小床步骤

4. 边唱歌曲边看着图谱, 根据老木匠的要求制作家具。

## 三、挑战新任务

1. 教师: 这里有一张制作衣柜的图纸, 老木匠怎么也研究不出来它的制作方法, 你们能擦亮眼睛发现其中的秘密吗? 制作步骤如图5所示。

2. 教师带领幼儿同时使用左右手模仿刨刀和锤子, 做出相应动作, 并尝试使用双手交换工具进行游戏。

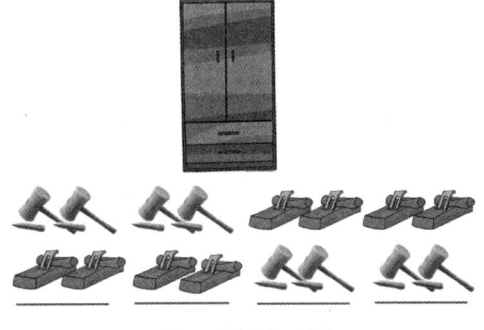

图5　做衣柜步骤

想一想

1. 在引导幼儿选择制作哪种家具时, 除了用PPT展示外, 还可以用什么方法?

2. 除了坐在座位上进行游戏, 还可以采用什么形式?

木匠本是离幼儿日常生活比较远的职业,现在的幼儿很少接触这方面的知识,而游戏通过营造的情景和清晰的环节,使得"小木匠做木工"的情景深入幼儿内心。在这样的情景中,幼儿能更乐于接受游戏中的难点、重点,并能敏锐地发现游戏的脉络。这一情景的使用,成功地抓住了幼儿的年龄特点,能充分发挥他们的想象力、创造力。特别是导入部分,在幼儿观看《小木匠》的图片后,教师提问:"小朋友们,你们知道木匠是干什么的吗?"这句话一下子激发了幼儿的兴趣,他们开始动脑筋想(木匠做的事)、做(木匠的)动作,进而使活动顺利开展。

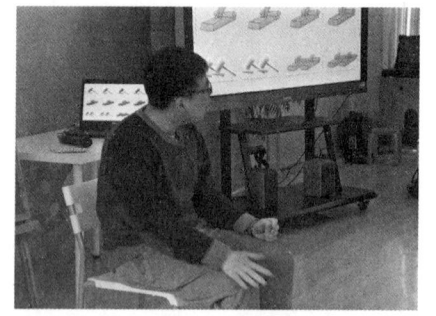

图6 小木匠

好的开始是成功的一半。这个游戏的难点是复合节奏,小木匠的每一个任务中都会隐藏着节奏的重点。通过层层递进的过程,幼儿能够自己发现节奏的变化,即他们平时积累的经验得到了迁移,这是本活动最有意义的地方,也是最大的一个亮点。幼儿自己会看图谱、会思考,于是有了自我建构的能力,这样教师自然就不用一味地灌输、"填鸭"了。

不过我在细节的处理上还存在一些不足,比如在提问时措辞不够严谨,刨刀的用法被说成了"磨",这也是需要我去关注、精进的地方。

扫一扫,获取现场活动视频

附歌曲:

## 小 木 匠

曲:曹冰洁

词:陈 茗

$1 = D \frac{2}{4}$

| 1 3 1·3 | 1 5 5 | 1 3 1·3 | 1 5 5 |
小木 匠呀 小木 匠 小木 匠呀 小木 匠

| 5 6 | 5 3 | 5 6 | 5 3 |
敲 敲 打 打 推 推 光 滑

| 5 6 5 3 | 5 6 5 3 | 5 4 3 2 | 1 1 1 |
敲敲 打打 推推 光滑 我的 ×× 做好了

# 老鼠娶新娘（大班）

### 王 云

## 游戏背景

《老鼠娶新娘》的绘本不仅蕴含了自然界一物降一物的规律以及同类陪同类最合适的道理，还描绘了中国民间婚礼习俗的热闹场景。我们从音乐的角度挖掘绘本中的价值，结合音乐的元素和音色的听辨，设计了本游戏。

幼儿在游戏前已有相关的经验。通过一系列活动，幼儿已初步了解了新娘抛绣球、带红盖头、坐花轿、轿夫抬花轿等一系列民间娶亲的习俗。

教师通过富有童趣的语言帮助幼儿理清游戏的规则脉络，把握游戏的三个关键点：请轿夫、搭花轿、新娘听锣鼓声抛绣球，并对这三个环节进行分解。

## 游戏目标

1. 乐意用弹簧步来表现老鼠抬花轿的场景。

2. 了解并愿意遵守音乐游戏的规则，在游戏中体验民间娶亲的习俗。

## 游戏准备

1. 娶亲的动画视频、娶亲的音乐、锣鼓的音乐。

2. 绣球3个、红头巾3块、新郎胸花3个、绳子6根（两根一对作花轿）。

图1 动画视频

3. 熟悉《老鼠娶新娘》的故事。

4. 了解民间娶亲的习俗。

## 一、观看PPT,回忆《老鼠娶新娘》的故事

提问:你最喜欢故事中的哪个环节?

## 二、游戏:老鼠抬花轿

1.第一次游戏:教师扮演老鼠"阿郎",作为新郎进行游戏。

玩法:新郎邀请一位幼儿上台扮演新娘,将红盖头盖在新娘头上,并把绣球递给新娘。新郎邀请四位幼儿当轿夫(每次邀请两位,邀请两次)用绳子搭花轿、抬花轿。音乐响起,新郎走在前面,轿夫抬着花轿走在新郎身后,跟着新郎去接新娘。新娘听到锣鼓声后上花轿,新郎新娘来到新房,锣鼓声再次响起,新娘听鼓声,并在最后一拍将绣球抛出,接到绣球的幼儿扮演下次游戏的新娘。

### 规则

(1)了解不同的音乐信号对应的具体动作。

(2)新郎一次邀请两个轿夫,邀请两次。

(3)搭花轿时,四个轿夫两两拉紧绳子。

2.第二次游戏:请一个幼儿扮演新郎"阿郎"进行游戏。(四个轿夫搭一顶花轿)

### 规则

(1)了解"阿郎"娶亲的先后顺序。

(2)知道两次锣鼓声对应不同的玩法。

(3)如果接到绣球的是新娘,就要去邀请一个新郎,如果接到绣球的是新郎,就要去找个自己喜欢的新娘。

3.第三次游戏:邀请两个幼儿扮演新郎"阿郎"进行游戏。(八个轿夫搭两顶花轿)

（1）被请到的"阿郎"要站到自己的花轿前面。

（2）轿夫要站到邀请他们的"阿郎"后面。

4.第四次游戏：邀请三个幼儿扮演新郎"阿郎"进行游戏。

### 规则

抬花轿时注意花轿之间的距离，避免碰撞。

### 想一想

1. 在开展本游戏之前，教师应该带领幼儿做好哪些准备？

2. 不同环节的音乐选取，需要注意哪些问题？

## ● 游戏反思

游戏的规则是游戏的关键，本游戏利用音乐信号代替了语言信号。在活动中，教师将娶亲游戏分成几个场景（请轿夫、接新娘、抛绣球），分别使用不同的音乐作为背景和信号，起到区分情景和提示幼儿的作用，同时在每个场景中预设了一些规则，例如：音乐结束时用节奏语言来请轿夫，一次邀请两个，邀请两次；轿夫要在音乐结束前搭好花轿；新娘听到锣鼓声时要上花轿；到了新房再次听到锣鼓声时，新娘要抛绣球，等等。幼儿始终都是在音乐信号的提示下做游戏，活动最后呈现出了热闹的迎娶新娘的场面，仿佛是一场音乐剧。

在活动中，游戏的规则是在教师和幼儿一边游戏一边倾听音乐的过程中建立的。在游戏中，教师要小结每个环节中的游戏规则，从个别幼儿

图2　扮演新郎

的经验扩展到全部幼儿。通过增加花轿的数量不断推进游戏的发展，让幼儿不断地感受到游戏带来的快乐。

附音乐：

## 抬 花 轿

| 3 3 2 | 3 3 2 | 1 5 5 | 6 6 5 | 6 6 5 | 1 5 3 | 2 |

| 3 3 2 | 3 3 2 | 5 3 3 2 1 | 2 2 3 | 2 1 1 6 | 5 1 | 1 |

锣鼓声：

鼓：X X X X    X ｜ X X X X    X ｜ X X X X    X X ｜ X X X X    X ｜

锣：X        X ｜ X        X ｜ X        X ｜ X        X ｜

扫一扫，获取现场
活动视频

"音乐游戏"一改以往传统的以唱歌、跳舞为中心的单调教学模式,注重以幼儿特有的学习方式"在玩中学"、"在做中学"、"在体验中学"。幼儿由被动地参与活动变为主动地操作体验,在聆听、运用和创造的过程中,音乐能力得以提升,同时也使幼儿的综合能力得以发展。

游戏一:小动物找朋友(中班)

从教学目标及活动过程上来看,本游戏属于歌唱类音乐游戏。从活动中可以总结出以下几点:

**一、在主题背景下开展歌曲类音乐游戏活动**

《上海市学前教育课程指南》中明确指出,教师需要引导幼儿"能发现和感受生活中的美,萌发审美情趣"。在我们周围有很多声音,比如:风吹树叶的沙沙声、下雨的滴滴答答声等,教师应激发幼儿去聆听生活中的声音,去发现生活中的美。如果幼儿善于去倾听和发现,就会觉得这些声音是那么有趣,又是如此悦耳。在中班的"动物园里"主题背景中,动物也有许多种叫声,教师引导幼儿运用动物的叫声唱出小动物的歌,从而使他们积累了许多相关经验。在本活动中,教师激活了幼儿原有的对动物的叫声以及动态表现动物姿态的经验,使得他们更乐于接受这样的音乐游戏活动。

**二、在解读教材后思考歌曲类音乐游戏活动的设计**

一是歌曲的选择符合幼儿的年龄特点。《唱不完的歌》是教师在外国歌曲《火鸡》的基础上改编的,足以见得教师善于选材,并能根据自己的需要对歌曲进行适当的改编。这首歌曲旋律简单、结构工整,重复内容较多,歌词有趣,改编后有与动物匹配的叫声,适合于中班幼儿学唱、编唱,也适合幼儿模仿动物动作唱唱、玩玩。从歌曲旋律上看,弱起拍是难点,幼儿什么时候进入歌曲演唱需要教师提醒,因此教师可加入节奏儿歌,将幼儿带入歌曲。

二是善用肢体语言。教师用简单而又能体现动物角色的肢体动作来辅助幼儿表现歌曲,让整个活动变得很有趣。动物的角色形象也便于幼儿用动作表现。

三是整个活动过程是由浅入深逐步推进的。在以往音乐活动的组织过程中,主要的教学方式就是用传统的跟唱方法去引导幼儿,从而忽略了幼儿的兴趣。而在"小动物找朋友"

活动中,有看动物、模仿动物唱歌、逐渐增加动物数量、匹配动物动作、由集体到个体游戏等多种形式,这样既加深了幼儿对歌曲的熟悉程度,又使幼儿在游戏中听懂了活动的内容和游戏规则,提高了他们学习的积极性,增强了他们的学习能力。

### 三、活动中体现教师较强的互动性

在活动中,教师对教具的运用是适时适宜的,是为幼儿服务的。动物图片的提供具有互动性,可根据幼儿的情况逐步更换位置。另外,教师引导幼儿与自己佩戴的动物挂饰真正互动起来,即幼儿在图片、挂饰的提示下参与游戏,邀请不同的小动物。挂饰的运用不仅能提示幼儿知道自己扮演什么角色,而且还便于看到同伴的角色,在视觉上帮助幼儿更好地参与到活动当中。此外,幼儿在根据音乐表现不同动物的姿态时,能运用丰富的联想设计自己的动作,这样不仅能够丰富课堂内容,增加趣味性,更能促进幼儿想象力的发展,同时提高幼儿的倾听能力和注意力,使他们感受游戏多变的快乐。

教师不仅注重对幼儿音乐能力的培养,更关注幼儿的听辨能力、规则意识的综合性发展,关注的是一种育人的培养。


游戏二: 戴娜(中班)

在活动之前,幼儿已经会唱歌曲《戴娜》了。即使是第一教时教幼儿学唱这首歌,他们学起来也会非常快,因为这首歌曲富有动感、节奏明朗,而且有一定的情景性,便于幼儿理解。活动中还有吸引幼儿目光的自制教具"吉他",以及生动有趣的活动情节,这种采用故事或游戏的活动形式,能够使幼儿集中注意力。此外,教师在活动中多采用正面教育,能促进幼儿身心的健康发展。

歌曲《戴娜》中的"娜"、"她"、"他"押韵上口,歌词简单便于理解,能让幼儿感受到歌唱的快乐,从而萌发出对音乐活动的兴趣。教师以幼儿的发展为主体,以幼儿的心理和生理年龄特点发展为目的,挖掘领域的特征,切透教材,精心准备每个环节。正如《幼儿园教育指导纲要》中所提到的:"在艺术活动中面向全体幼儿,要针对他们的不同特点和需要,让每个幼儿都得到美的熏陶和培养",这样才能够使活动效果更佳。

本活动中,教师将音乐技能转化为游戏,有这样几个创新点:

### 一、教具创新

(1)教具"吉他"。不得不赞叹教师的心灵手巧,能做出如此精致的"吉他",更关键的是它还能够弹。幼儿人手一个教师自制的"吉他",可以边唱歌曲边弹奏,提高了游戏的趣味性。

（2）"不先生"和"不小姐"默唱教具的提供。教师请出"不先生"，可以形象地告诉幼儿这里是默唱的部分。幼儿一看到"不先生"，马上就默唱，不发声音。

## 二、歌唱活动形式的创新

唱歌有多种形式，如：齐唱、领唱、对唱等，而默唱也是唱歌中的一种形式，本次活动就是让幼儿在游戏情境中感受不同乐句的默唱。教师将创新带给幼儿，鼓励幼儿自己协商，合作运用"不先生"和"不小姐"进行创造性的合作表现。教师在游戏中留出了很多空间，让幼儿可以充分发挥自己的创造力。

游戏三：小木匠（中班）

从"小木匠"活动的设计与实施上分析：游戏活动是建立在教师创设的情境之中的，可以让幼儿在这样的音乐情境、游戏情境中自主参与和学习；以"小木匠"的角色形象开展活动，让中班幼儿能愉快地参与到游戏中，进行有效学习。

"小木匠"音乐活动中须把握以下几个原则：

## 一、音乐性

音乐性原则首先体现在活动的音乐元素上。《小木匠》歌曲由曹冰洁老师的《迷迷转》歌曲改编而成，其结构工整，旋律和节奏适合幼儿操作，便于教师带领幼儿玩"敲锤子、刨木头"等情景游戏。音乐性原则的另一体现是通过音乐培养了幼儿的节奏感，以及动作的协调性。

## 二、趣味性

平常的节奏练习容易使幼儿产生枯燥、乏味的情绪，而本活动的节奏练习是融合在音乐活动中的。教师巧妙地运用了小木匠制做不同家具的情境，使歌曲与节奏练习的过程变得有趣、生动和自然。

## 三、游戏性

整个活动都是在"小木匠"做家具的游戏情境中开展的。幼儿喜欢玩这个游戏，他们在操作的时候很开心，而且游戏富于变化，如桌子可以变化成方桌、圆桌等，这让幼儿能够真正地玩起来。

1. 现场分析

（1）将情境贯穿始终。教师在开展"小木匠"活动时，有情境意识，即以小木匠做家具为线索展开节奏练习。活动中须将此情境贯穿始终,包括在指导幼儿做小桌子、小椅子时,也可以以角色身份带领幼儿一同游戏。

(2)角色游戏与歌曲的旋律、歌词匹配和谐。小木匠的歌曲源自于曹冰洁老师的歌曲《迷迷转》,稳定的歌曲节奏适合中班幼儿游戏,且歌词内容对幼儿的游戏起助推作用。比如在幼儿扮演小木匠角色时,教师提示幼儿伴随歌曲旋律有节奏地做敲、刨等动作。

(3)音乐游戏活动不仅培养了幼儿的音乐能力,更多的是发展幼儿的探索和创新精神,鼓励幼儿敢说敢做。为激励幼儿参与活动,除了运用PPT演示之外,教师可在让幼儿说说还想做什么家具时,让他们在活动室现场寻找想做的家具,以此激发他们主动探索的意愿。

2.改进建议

(1)在请幼儿说说小木匠还可以做些什么家具时,教师可引导幼儿在活动室寻找想做的实物,并且根据实物的特征来决定如何做。这样不仅激发了幼儿做小木匠的兴趣,更多的是为幼儿创造了自主探究的机会。

(2)由于这个活动更多的是幼儿手部的节奏动作,因此幼儿在整个活动中都是坐在座位上的。如果能让原先幼儿坐在座位上进行的游戏升级为站起来动的游戏就更好了。因此教师可以考虑设计一些能让幼儿有大动作或是离开位置动一动来做家具的环节。

(3)这样的节奏游戏对于幼儿来说很有必要,也很有价值,因此可以开展后期的延伸活动。例如,将PPT中的图片放在区域活动中,让幼儿可以根据自己的意愿做不同的家具。

游戏四:老鼠娶新娘(大班)

"老鼠娶新娘"活动是音乐导学班的经典保留活动,一直以来都受到幼儿的喜爱。

原因可归纳为三点:

其一,大班幼儿对"结婚"一词似懂非懂,充满了好奇。有些大班幼儿会在娃娃家游戏中扮演爸爸妈妈结婚,这是因为他们向往长大,向往体验婚礼上那种欢天喜地的场景。因此,这个活动也恰恰满足了幼儿想当一回新娘新郎的心理需求。

其二,游戏环节环环相扣,即有规则、有探索、有体验,满足了大班幼儿乐于挑战的心理。由于"老鼠娶新娘"音乐游戏的各环节都有不同的规则要求,因此,为了帮助幼儿将规则逐渐"消化",教师利用情景化的精准语言引导幼儿理清游戏的规则脉络,把握游戏的三个关键点,即请轿夫、搭花轿、新娘听锣鼓声抛绣球,并对这三个环节进行分解。整个活动突出了幼儿的主体性,比如教师引导幼儿自主探索、发现游戏规则。也正因为规则是幼儿自己发现的,所以他们会主动遵守。

其三,"老鼠娶新娘"活动选用中国传统婚礼的形式,弘扬了民族文化。活动前,教师需要帮助幼儿建立相关经验,例如:教师通过和幼儿一起收集婚礼图片、观看婚礼视频的方式,让幼儿初步了解轿夫抬花轿、新娘戴红盖头、坐花轿、抛绣球等一系列民间娶亲的习俗。幼儿通过观察抬花轿的情景来区别抬花轿的步伐和平时走路的步伐,初步尝试走弹簧步。教师通过游戏情境中的语言帮助幼儿逐渐理清规则的脉络,把握游戏的关键点。对于现在的幼儿来说,民间娶亲的习俗是如此的新奇有趣,这激发了他们参与音乐游戏活动的兴趣。

# 关于音乐游戏的思考与实践
曹冰洁

## 一、音乐游戏的教育目标

### （一）什么是音乐游戏

游戏是学前儿童的基本活动，是教师向他们进行教育的重要手段，学前儿童的游戏是多种多样的，分类的方法也各不相同。教育学以"游戏作为教育手段"为着眼点，既注意幼儿的自然游戏，又注意为幼儿编制有规则的游戏。

音乐游戏是一种有规则的游戏，是在幼儿自发游戏的基础上，为实现一定的音乐教育目标而编制的游戏。因此，它是一种必须在音乐伴随下进行的，必须按照某种特定的音乐要求进行活动的游戏。但音乐游戏与有音乐伴奏的语言游戏、体育游戏和智力游戏是不同的。在这些游戏中，音乐只是起陪衬和背景作用。而在音乐游戏中，幼儿必须根据音乐的性质、情感、节奏、结构等要求进行游戏，其全部的音乐规则都是建立在特定的音乐教育目标的基础上的。

音乐游戏灵活多变而富于想象，自由度高，情绪性强，符合幼儿的生理、心理发展水平。幼儿乐于玩音乐游戏，并易于在音乐游戏中接受教育。例如：教师放一段进行曲，就可以让幼儿学解放军的动作；放一段摇篮曲，就可以让幼儿学妈妈、奶奶摇宝宝睡觉的动作。

### （二）音乐游戏的教育目标

音乐游戏的教育目标是在发展幼儿音乐能力的同时，推进幼儿综合素养的发展。自由愉快的音乐游戏能提高幼儿对音乐的感受力、表现能力和创造能力，也能提高幼儿的交往能力、合作能力与自我控制能力。在自由愉快的音乐游戏中，幼儿能获得更多的积极情绪体验。这种体验的积累，对发展幼儿的音乐爱好和从事音乐活动的兴趣有着至关重要、不可取代的价值。而且音乐游戏还是集体音乐活动的"兴奋剂"和"调节剂"，在引发和保持幼儿参与活动的积极性和调节劳逸方面都可以起到很好的作用。

此外,通过音乐游戏,能丰富幼儿听辨音乐的经验,培养其听音乐的兴趣与能力。音乐游戏可以发展幼儿感知音乐的能力,促进其注意力、记忆力、观察力、思维能力等的提高,并能帮他们表现自己的想象力、创造力,推进幼儿全面素质(倾听态度、习惯、动手操作、合作协调等能力)的提高。

### 二、音乐游戏的教育内容

在幼儿园中,音乐活动主要包括听辨活动、歌唱活动、韵律活动、打击乐活动与欣赏活动。音乐活动中包含着音乐的音高、力度、曲式、音色、节奏五大元素。教师通过游戏的形式,引导幼儿参与音乐活动,让幼儿在活动中亲身获得对音乐的体验和感受,同时获取知识、发展能力,最终让幼儿得到综合发展。

音乐游戏是多种多样的,分类方式也各不相同。为了便于表达,在此仅将音乐游戏分为三类:歌舞游戏、表演游戏和听辨反应游戏。

**(一)歌舞游戏**

歌舞游戏主要指侧重于歌唱和韵律活动的游戏。游戏的特点可以概括为:幼儿按照歌词、节奏、乐句或乐段的结构做动作、变化动作。有时也可能有简单的情节和角色,但与表演游戏不同的是,歌舞游戏中的情节和角色通常没有专门的音乐来表现,也不需要特别强调情节和角色的表演。

歌舞游戏又可细分为两大类:

1. 比较侧重创造性表演的歌舞游戏。例如在进行解放军主题的教育内容时,教师可以通过播放歌曲《血染的风采》让幼儿听和感受歌曲的旋律,并根据歌词来表现动作。幼儿愿意用自己创造的动作来感受歌曲,且这些动作不同于他人。此类游戏的特点是:幼儿在每次活动中都要做出与他人不同的反应。例如:在小兔子吃菜、种菜的情境中,尝试为歌曲《小兔的菜园》第二段创编种植蔬菜的一些简单动作,体验与同伴一起歌唱表演的快乐。

## 小兔的菜园

曹冰洁词曲

$1 = C \frac{2}{4}$

| 5 5 | 5 | 6 | 5 | 5 5 | 5 | 6 | 5 |

小 兔 子 跳　　跳,小 兔 子　　跑　　跑,

小 兔 子 跳　　跳,小 兔 子　　跑　　跑,

| 3 5 6 | 3 5 6 | 6 5 3 6 | 5 5 | X X 0 |
|---|---|---|---|---|

跳 跳 跳，跑 跑 跑，来 到 小 菜　园　呀，哈 哈！

跳 跳 跳，跑 跑 跑，来 到 小 菜　园　呀，咦? 有 办

| X X X | X X X | X X X | X X X | X — |
|---|---|---|---|---|

有 青　菜，有 萝 卜，有 蘑 菇，　还 有 毛 豆，

法 了

| 6 6 5 | 6 5 | X X X | X X X |
|---|---|---|---|

吃 掉 了 青 菜，啊 呜 啊 呜　啊 呜 啊 呜，

种 上 了 青 菜，种 啊 种 啊　种 啊 种 啊，

| 6 6 5 | 6 5 | X X X | X X X |
|---|---|---|---|

吃 掉 了 萝 卜，啊 呜 啊 呜　啊 呜 啊 呜，

种 上 了 萝 卜，种 啊 种 啊　种 啊 种 啊，

| 6 6 5 | 6 5 | X X X | X X X | 6 6 5 | 6 5 | X X X | X X X |
|---|---|---|---|---|---|---|---|

吃 掉 了 蘑 菇，啊 呜 啊 呜　啊 呜 啊 呜，吃 掉 了 毛 豆，啊 呜 啊 呜　啊 呜 啊 呜，

种 上 了 蘑 菇，种 啊 种 啊　种 啊 种 啊，种 上 了 毛 豆，种 啊 种 啊　种 啊 种 啊，

| ⌐1 6 6 6 5 | 6 5 3 | 6 5 3 6 | 5 5 5 : ‖ | ⌐2 6 6 6 5 | 6 5 3 6 6 5 — ‖ |
|---|---|---|---|---|---|

哎 呀 呀　哎 呀 呀 搞 坏 了　小 菜 园。小 菜 园 呀 真 美 丽 真 美 丽

（1）"小菜园"——真美丽，要求发明一个漂亮的动作；"自己吃饭"——看谁是个好宝宝。也做个健康宝宝的动作。

（2）在中班游戏"碰一碰"中，其中的音乐只有一段歌词，每当唱到"碰到哪里"时，由教师或一个幼儿即兴说出一个相互触碰的要求，如"鼻子碰鼻子"或"肩膀碰肩膀"，全体幼儿必须在音乐最后一句时完成动作。

2. 比较侧重歌舞和歌舞之后的游戏。此类游戏的特点是：先按规定的形式和不同的角色分工来进行歌舞表演或做某个规定动作，之后紧接的是一个较兴奋的游戏。例如：

·小班"找小猪"

·丢手帕

·中班"金锁银锁"　该游戏为民间游戏与听辨活动的巧妙结合，音乐里的重音正好和游戏规则相结合，以《七步音阶》为游戏音乐，带领幼儿分别用手做伞面和伞柄，注意听辨乐器不同的音色，不同的音长，判断什么时候该抓手，增加游戏的灵活性。

# 七步进阶曲

$\frac{4}{4}$

1. （ 5 - - - | 2. 5 - - - | 3. 5 - - ）5 | 4. 1 2 3 4  5 3 5 | 5. 4 2 4 2  4 3 1 2 |

6. 3 2 3 4  5 3 5 | 7. 4 2 7 2 1 - | 8. 2 2 2 2 3 | 9. 2 1 7 6  5 6 7 1 |

10. 2 2 2 2 3 | 11. 2 1 7 6  5 - | 12. 5 - - - | 13. 0 0 5 - | 14. 5 - - - ‖

· **蝴蝶找花（听辨音高找花＋歌舞）** 　整个活动以听乐曲模仿蝴蝶飞的动作为主,幼儿在教师的引导下,听音乐模仿蝴蝶唱歌跳舞,教师弹 1　2　3　5　6 的音,幼儿及时正确地找到代表相应颜色的花朵。

**（二）表演游戏**

表演游戏主要指侧重于按音乐性质的变化进行情节和角色表演的游戏。此类游戏的特点是:按专门设计、组织的不同音乐做动作、变化动作。这种游戏的情节和角色通常都有专门的音乐来表现,也相对比较强调情节与角色的表演。例如:

· **小鸡和小鸭** 　小鸡小鸭是孩子们最为熟悉的动物,选用这首歌曲开展歌曲、演奏的活动,以发展幼儿的节奏稳定感,以及对音乐活动的兴趣。由于歌曲较为简单,因此幼儿在这节活动中即学新歌又尝试用乐器进行演奏。演奏的部分仅限于模仿动物的叫声部分,并且小鸡小鸭的节奏型都是 X X 　X ｜ X X 　X ｜ X X 　X X ｜ X — 　X — ｜,较为简单,便于活动开始。

· **小熊过桥** 　整个活动以小熊过桥作为游戏主线,通过童谣、韵律活动、角色扮演等去感受、理解小熊过桥的心理变化。幼儿通过模仿小熊、小鸟、小鱼的动作,体验与同伴游戏的快乐。

· **小兔和大灰狼（灵活）** 　在小兔和大灰狼游戏情境中,幼儿感受音乐所描绘的小兔和大灰狼的形象,尝试用乐器、肢体动作表现其角色形象。

· **树林中的小鸟（小鸟飞、吃虫、唱歌、上下飞行、老鹰来了）** 　通过音乐旋律的变化表现小鸟飞、小鸟捉虫、小鸟休息等动作,以促进幼儿的听辨能力。

这种游戏强调幼儿的动作和表演要符合音乐的性质、节奏和结构。一般没有统一规定的动作,各部分音乐重复的次数也没有严格的规定,有时甚至为了增加幼儿对音乐的反应能力,还可以改变音乐的顺序,或突然中断、更换音乐。

**（三）听辨反应游戏（元素性）**

1. 听辨反应游戏的指导目标。

（1）培养幼儿听辨音乐中的音高、力度、曲式、音色、节奏的能力,并用动作、语言、图画等方式进行表现。

（2）能听懂简单的音乐音色。

（3）能愉快地对听到的内容做出反应。

（4）能知道接触过的乐曲名称。

（5）养成静听音乐的好习惯,并能在日常生活中注意听辨音响与节奏。

2. 与音乐元素相关的听辨反应游戏。

（1）听辨音高。音高是听觉赖以分辨乐音高低的一种特性,教师可引导幼儿探索生活中的不定音高,进而探索乐音的高低（即do、re、mi、fa、sol、la、si）,并在探索过程中注意培养幼儿的听辨能力、思维能力、想象能力、动作表现能力及自学能力。

另外,教师要遵循幼儿的发展规律,注意听辨音高层次的递进性。比如,中班上学期学习mi、sol、la,中班下学期学习do、re、mi、sol、la,大班上学期学习do、re、mi、fa、sol、la、si,大班下学期学习三度音程的听辨。

游戏举例:找房子、秋叶飘、小鸟捉虫、七只小小鸟。

游戏规则:遵循"听辨—模唱—寻找"的过程,即在充分听辨音高的基础上模唱音高,突出听音的环节,然后将音高转化为相应的颜色。值得注意的是,幼儿需要运用二维特征的思维方式进行思考。另外,教师可根据不同的主题变化游戏的音色、场景,用不同方式巩固同一目标。如:春姑娘的花衣裳等;音乐游戏《春姑娘的花衣裳》:

春天是个万物复苏,五彩斑斓的季节,四处鲜花盛开。大班阶段幼儿了解了四季轮换的规律,当春天来临,教师组织开展"春天来了"系列主题活动:找春天、创编春天的儿歌、欣赏春天的诗歌、画春天、唱春天、舞春天。幼儿积累了有关"春"的经验,而更多的是对"春"的情感。

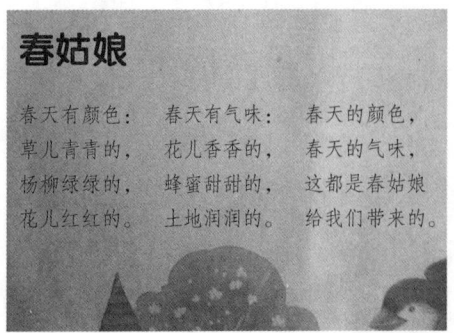

《春姑娘的花衣裳》正是孩子们怀着对春天的喜爱之情开展的音乐游戏,此游戏属于听辨类音乐游戏。活动前期通过一个个音乐游戏,孩子们已经认识、熟悉了七个音:do、re、mi、fa、sol、la、si。

游戏中在黑板上画好春姑娘,春姑娘裙子是空白的,请小朋友通过听辨音帮助春姑娘贴上对应颜色的花朵,听到哪个音就将哪朵花贴到春姑娘的衣服上。可进行学科间的整合设计,如在树叶背后设置图或数字,让幼儿听辨寻找能敲出不定音高的物体,使幼儿对声音产生兴趣。

① 找找、唱唱、玩玩有颜色的音乐朋友。

·听一听,声音是有高低的。

爸爸敲瓶

弟弟敲碗

提示:家长和教师可引导幼儿用木棒敲击装有不同量水的碗和瓶子,让他们听辨声音的高低一样吗?

·敲一敲,听一听。

请幼儿在周围找两个不同的物体敲击,让他们敲一敲,听一听,比一比,说一说,区别比较其声音的高与低。

敲橱与窗

敲地板与凳子

敲门

敲桌子

提示:家长和教师要指导幼儿反复敲听两个物体的声音,让他们初步学会用耳朵去听辨周围的声音。

· 听一听,找一找。

找一找 fa 和 si 的家在哪儿,它们的邻居是谁。

si 的音比 la 高,是七个音中最高的一个音。

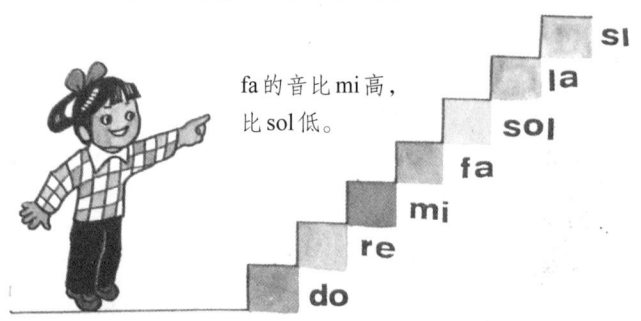

fa 的音比 mi 高,
比 sol 低。

· 认识五线谱。

家长和教师可以用讲故事的形式引导幼儿认识五线谱。

在森林里,有一个美丽的孔雀妈妈,它最爱音乐,后来它生了七个小娃娃,就分别给它们起了七个名字,do、re、mi、fa、sol、la、si,瞧!孔雀妈妈的羽尾成了五线谱,你能认出这些娃娃的名字吗?请看看、想想、敲敲、唱唱。

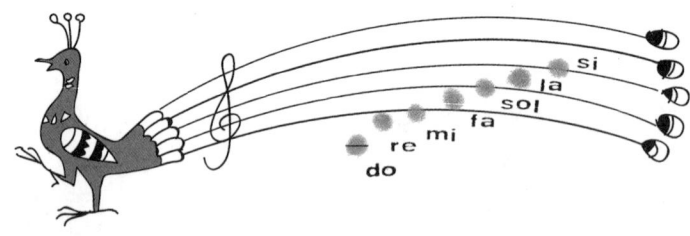

· 编一编,唱一唱。

# 唱不完的歌

曹冰洁词曲

1=C 2/4

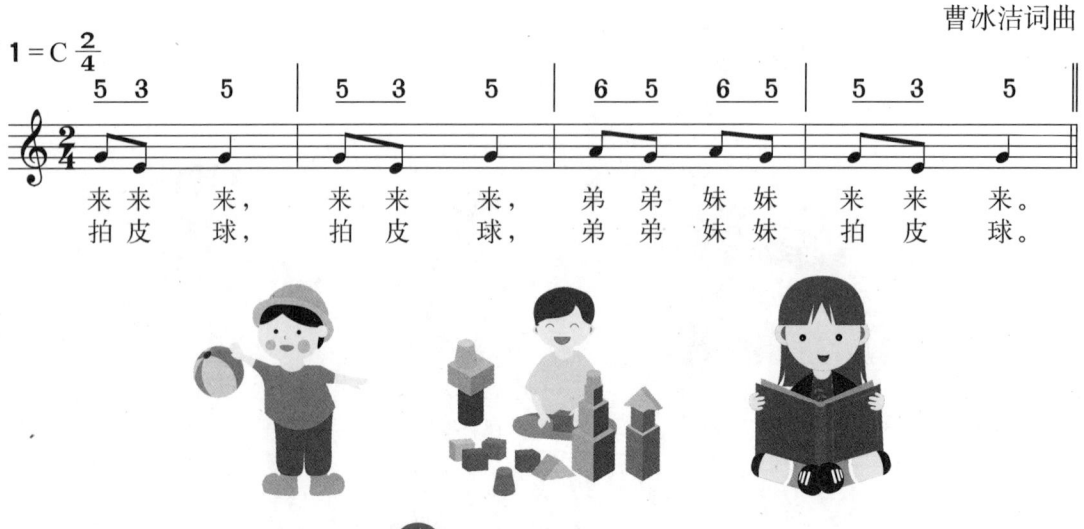

来 来 来, 来 来 来, 弟 弟 妹 妹 来 来 来。
拍 皮 球, 拍 皮 球, 弟 弟 妹 妹 拍 皮 球。

提示1：此歌带有游戏性，重复句子多，幼儿易学。

提示2：家长和教师在教会幼儿唱这首歌的基础上，引导幼儿将歌词编下去，如幼儿可根据自己生活经验编"弹钢琴，弹钢琴，弟弟妹妹弹钢琴"；也可编"开汽车"，"搭积木"等，可一直唱下去。家长和教师要鼓励幼儿的创造力，使他们不但能唱准音高，而且还能对学唱自己编的歌产生深厚的兴趣，初步激发创作的愿望。

·唱一唱，动一动。

# 我的身体

曹冰洁词曲

我的头，我的肩，这是我的胸，我的腰，我的腿，这是我的膝盖。
我的头，我的肩，这是我的胸，我的腰，我的腿，这是我的膝盖。

小小手，小小手，小手真可爱，上面还有我的十个手指头。
小小脚，小小脚，小脚真可爱，上面还有我的十个脚趾头。

提示1：此歌可让中班的幼儿在认识自己身体时学唱，通过观察身体引导幼儿按节奏学念儿歌（即歌词），然后跟着歌曲旋律填词学唱。

提示2：在幼儿学会这首歌曲后，家长和教师可启发他边唱边做动作。

提示3：家长和教师可启发幼儿学唱歌，学数数，使歌曲充满情趣。

② 三度音程——找朋友

·玩一玩。

# 小兔采蘑菇

**目的：**训练幼儿听辨七声音阶音高的能力。

**玩法：**家长和教师可在纸上画上带有音高的彩色蘑菇，请幼儿扮作小兔，随着音乐做兔子跳的动作。当音乐停止后，让幼儿按家长和教师敲奏的音高去采蘑菇，如敲奏"la"的音高，幼儿必须去采带有"la"音高的蓝色的蘑菇。

**规则1：**家长和教师要积极培养幼儿仔细听辨音高的习惯。

**规则2：**幼儿必须先听音，再按音高去采蘑菇。

**规则3：**如果连着两次因为听不准音高而采错了蘑菇，家长和教师可请幼儿当众表演一
　　　　　个节目，培养幼儿即兴表演的能力。

③音高接龙——打电话

·玩一玩。

# 打 电 话

**目的** 培养幼儿听唱音高和创作乐句的能力。

**玩法** 家长和教师可与幼儿共同游戏,第一个人开始时可自由创作乐句,第二个人就要接着第一个人唱出的最后一个音开始创作。

依此类推,一个个电话接着打。

**规则** 1. 唱不准音高者,就算输了,电话打不通。

2. 后者(接电话的人)必须反应灵敏地接前者最后的音开始创作。

3. 形式可有两人对打,或集体挨个接着打。

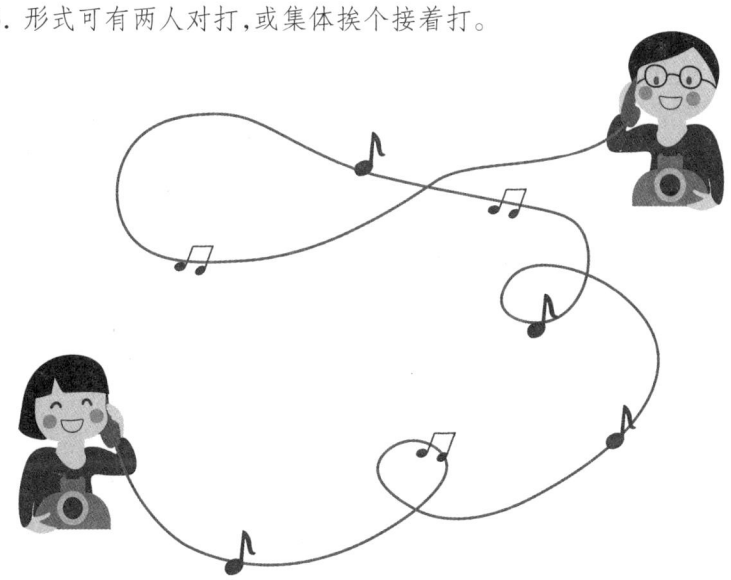

(2)听辨节奏。音乐中音的长短按一定的衡速组合叫节奏。教师可引导幼儿根据自己的经验来探索生活中的各种声音的长与短,进而探索音乐中的四分、八分、十六分、切分节奏等,鼓励幼儿积极投入操作活动和思维活动,及时发现他们创作的音乐节奏。旋律是音乐的灵魂,节奏是音乐的骨骼,它们在五个音乐元素中起着关键作用。教师可通过游戏帮助幼儿体验、感知这种音乐运动的进程,借助语音、图式、动作等方式,将抽象的节奏转化为生动的表现形式。

游戏举例:小娃娃跌倒啦。

借助《小娃娃跌倒啦》歌曲发展幼儿的音乐素养,培养幼儿的倾听能力、协调能力以及创造能力,增添音乐游戏的趣味性,从而激发幼儿对音乐活动的兴趣。

音乐游戏中教师创设情境:有个小娃娃跌倒啦,小朋友一起帮助她。用四种拍手方法分别表示:两拍拍一次手(每两拍拍一下手)——娃娃跌倒小朋友的心情;每一拍拍一次手(一拍一拍)——小朋友一步步稳稳走路,去扶小娃娃;旋律节奏拍手——扶起小娃娃帮助她拍去身上的灰尘;固定节奏型拍手(幼儿创编一个固定的节奏型)——帮助娃娃后小朋友不同的心情。

例如:

| | 5 5 5 4 | 3 3 3 | 2 2 3 | 1 — |
|---|---|---|---|---|
| 两拍拍一次手 | X | X | X | X |
| 一拍拍一次手 | X X | X X | X X | X X |
| 旋律节奏拍手 | X X X X | X X X | X X X | X — |
| 固定节奏型拍手 | X X X | X X X | X X X | X X X |

(幼儿自编)

附歌曲:

## 小娃娃跌倒啦

潘振声词曲

5 5 5 4 | 3 3 3 | 2 2 3 | 1 — |
路 边 有 个 布 娃 娃 跌 倒 啦,

5 5 5 4 | 3 2 | 1 6 | 5 — |
哇 啦 哇 啦 哭 着 喊 妈 妈。

4 4 4 5 | 6 6 6 | 5 5 5 6 | 5 3 |
我 快 快 地 跑 过 去, 抱 起 小 娃 娃 呀,

4 4 4 3 | 2 6 | 5 2 3 | 1 — |
高 高 兴 兴 送 他 回 了 家。

游戏规则:听辨歌曲中的拍率与旋律节奏,并用不同的动作表现。

平时可做以下由简至繁的层层推进的节奏游戏:

① 寻找、模仿生活中听到的各种不同快慢的声音。

② 听着小铃拍手。

③ 音乐路牌。

④ 创编节奏动作(1—2—3—4)。

⑤ 拍手+旋律节奏。

⑥ 复合节奏。

## 春　雨

曹冰洁曲

1 = C 2/4

```
5  5   3  3 |
春 雨  春 雨
```

```
┌ 5 5 5  3 3 | 3 3 3  1 1 | 5 5 5  3 3 | 3 3 3  1 1 | 3 1  0 |
│ 嘀嘀嘀 嗒嗒 滴滴滴 嗒嗒 滴滴滴 嗒嗒 滴滴滴 嗒嗒 滴嗒
│
│ 5    3  | 3   1  | 5   3  | 3   1  | 3 1  0 |
└ 嘀   嗒   嘀   嗒   嘀   嗒   嘀   嗒   嘀嗒
```

（3）听辨力度。音乐中音的强弱程度叫力度,教师可引导幼儿探索生活中轻响不同的声音,进而帮助他们探索音乐中的强弱、渐强渐弱与力度的起伏。通过操作活动、思维活动和创作活动,引导幼儿在生活中寻找声音的各种力度变化。

在我们的生活中蕴含着许多力度的变化,如回声就是强与弱的表现,飞机从远方飞来又飞向远方,体现了力度渐强渐弱的变化。通过听辨表现力度的变化,能提高幼儿的辨听感受能力。

游戏举例:回声。动画片《小兔淘淘》讲述了主人公淘淘在大山中迷路了,于是和大山有了这样的对话——喂,你是谁? ……音乐游戏回声通过扮演淘淘和大山两个角色,使幼儿感知声音有强弱之区别,并尝试运用歌声加以表现。

游戏规则：听辨音乐的变化,用歌声、动作、图画表现回声。

· 学指挥。

## "回 声"

儿童歌曲

提示：请你班里的孩子指挥"回声"这首歌曲,在指挥过程中让他体验歌曲中的强弱感觉,教师、家长尽力发掘幼儿的创造性,并以极大的热忱加以鼓励,促使他们树立学习的自信心。

· 想一想,画一画(附幼儿作品)。

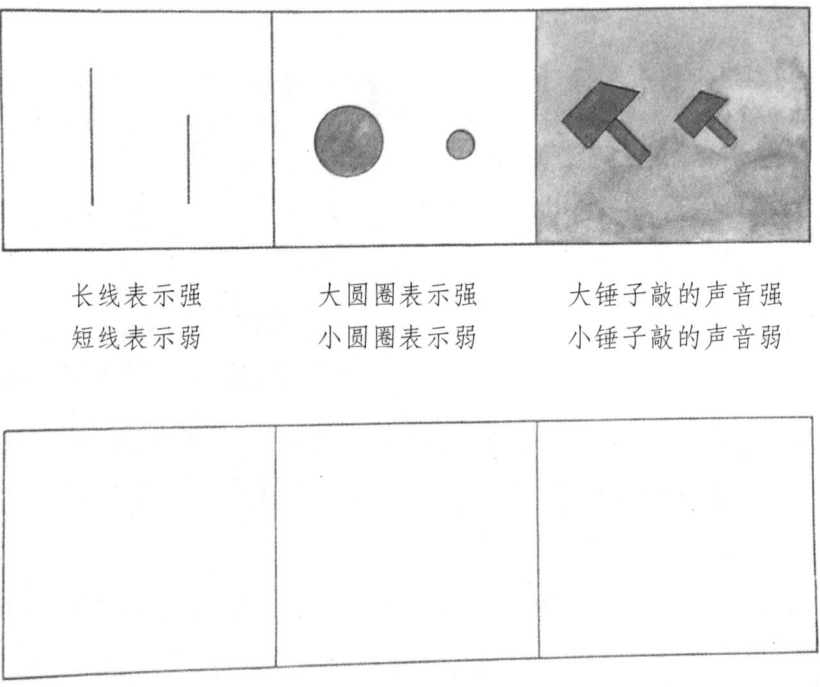

请你班里的孩子也来画一画。

· **听一听,想一想,画一画。**

家长教师可鼓励幼儿根据自己理解的渐强渐弱的力度变化,用图画表示出来。

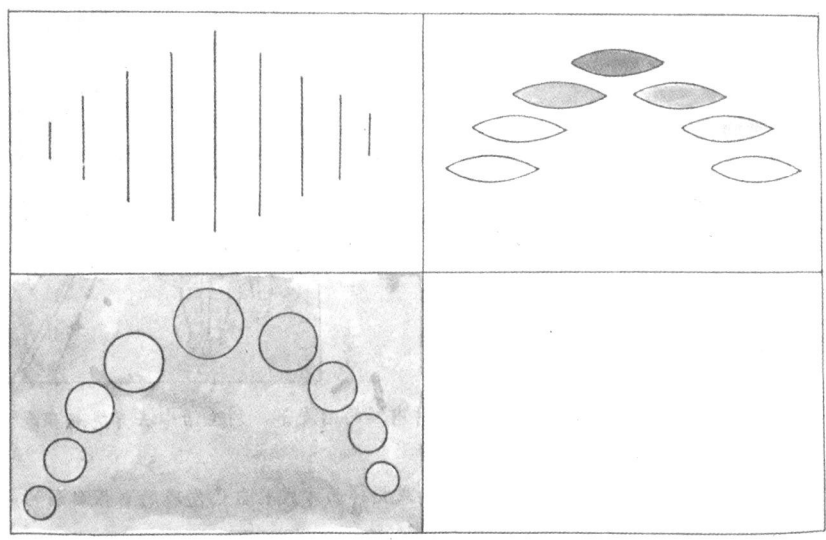

请你班里的孩子也来画一画

· **看一看,说一说,敲一敲。**

家长和教师可选乐曲或图片,让幼儿自由用乐器打击,并鼓励他进行指挥,表现力度渐强渐弱的变化。

提示: 1. 家长和教师先引导幼儿观察图片,编讲故事。

2. 让幼儿选用合适的乐器(如用木鱼音色表现老爷爷,用三角铁音色表现猴子),并创作节奏,为故事配音。

3. 家长和教师应重点引导、帮助幼儿表现音乐故事中的力度的渐强渐弱变化。
   如开始时,老爷爷挑着担子从远处走来,声音要表现出由弱到强＜;最后,老爷
   爷挑着担子又走远了,声音要表现出由强到弱＞。

**指挥游戏**　在分别会唱歌曲《春雨》两段的基础上,引导幼儿感知复合节奏,尝试用不同节奏进行合奏。让幼儿学做小指挥,创造性地用各种动作表现歌曲的节奏及强弱变化,体验春雨沙沙的美丽意境及与同伴合作的乐趣。

**力度寻找( 强弱拍 )小雪花**　漫天的雪花飞舞令孩子们欣喜若狂,给孩子们带来的是无限乐趣。孩子们讲述在下雪天和雪花一同游戏:有的在雪中和爸爸妈妈追逐、有的走在雪中让雪花尽情地飘落、有的站在高高的楼上观赏着雪天的美景,还有的用手接着雪,品尝了雪的味道。有了赏雪、戏雪、品雪的亲身体验,孩子们对雪有着格外的情怀。

"快乐的小雪花",引导幼儿运用肢体动作创编、表现各种雪花旋转的动作。通过音乐游戏使幼儿感受和雪花妈妈共同游戏的快乐。

附

# 小雪花

词曲佚名

$1 = \frac{4}{4}$

（4）听辨音色。音色是声音的属性之一，由发音体的性质、形状及其泛音的多少和相对的强度所决定。教师可引导幼儿探索生活中较易辨别的明暗色变化，进而探索音乐中丰富多彩的音色，让幼儿在敲一敲、听一听、想一想、说一说的活动中，探索各种有趣多变的音色。这里的音色主要指乐器与人声。在音乐领域中，音色是非常丰富的，因为每种乐器都有其独

爱上音乐游戏 —— 39

特的音色。在幼儿的音乐活动中,最常见的就是听辨乐器音色并表现这些音色。

游戏举例:大鼓与小铃。通过游戏让幼儿感受大鼓和小铃不同的音色,并用相应的身体动作表现,在听听玩玩中听辨乐器的音色与节奏,尝试用相应的乐曲表现,体验乐曲的趣味性。

游戏规则:将听辨出的不同音色,借助动作、乐器等方式进行表现。注意游戏过程应小步递进:① 开始只须"辨别音色+动作",无须节奏;② 要加上简单节奏,即"音色+动作+简单节奏";③ 由简单节奏递进到复杂节奏,即"音色+动作+复杂节奏"。

· **听乐曲做动作**

· **小兔与大象**

· **沙啦沙啦**　幼儿熟悉故事《沙啦沙啦》的内容,用完整的语句回答问题。回忆踩落叶的情境,感受秋天带给我们的快乐。收集生活中的各种材料如塑料纸、自动铅笔、眼镜盒等,小组合作有节奏地表现故事情景。

提示:① 引导幼儿收集生活中的材料如纸、核桃壳、盒子等模拟音色,② 再运用各种不同乐器表现故事内容。

· **郊游**

· **逛街**　在逛街的游戏情景中,尝试用乐器代表各个小店声响的节奏,分组合作,跟着音乐进行演奏,体验合作操作乐器的快乐。

## 逛　街

1 = C 2/4

曹冰洁词曲

| 3 3 3 3 | 2 2 | 1 | 6 5 | 3 3 3 3 | 2 2 | 1 | 5̣ |
|---|---|---|---|---|---|---|---|
| 弟弟妹妹 | 快 快 | 来 | | 我们 一起 | 去 | 逛 | 街 |

| 3 3 3 3 | 2 2 | 1 | 6 5 | 3 3 3 3 | 2 2 | 1 | i |
|---|---|---|---|---|---|---|---|
| 走呀 走呀 | 看 呀 | 看 | | 大街 上面 | 真 | 热 | 闹 |

**我的一天**

请幼儿用乐器表现自己一天的活动内容。如三角铁从轻到响表现今天天气很好，太阳高高升起；用木鱼表示跟着妈妈走路的脚步声等。

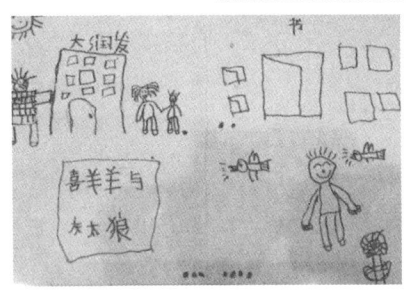

**附故事：**

# 沙啦沙啦

小熊在树林里慢慢地走，他听见"沙啦、沙啦、沙啦"，多好听的声音呀，小熊想，它是从哪里来的呢？"沙啦、沙啦、沙啦"。

一只灰松鼠躺在树洞里，他的嘴巴动个不停。"咔嚓、咔嚓、咔嚓"，"灰松鼠，你有没有听到一种很好听的声音？"小熊问。"当然听到啦！"灰松鼠说"这是我咬碎硬硬的果子，嘴巴发出的声音！""咔嚓、咔嚓、咔嚓"灰松鼠满足地嚼着香香的果仁。

"这个声音是很悦耳，但是，不是我想要找的声音。"小熊继续慢慢地向前走。"沙啦、沙啦、沙啦"。

一只红嘴雀站在树枝上，他抬起头看着天空。"扑剌、扑剌、扑剌"，"红嘴雀，你有没有听到一种

很好听的声音?""当然听到啦!"红嘴雀说:"这是我的朋友从远方飞来扇动翅膀的声音!""扑剌、扑剌、扑剌",两只鸟幸福地依偎在一起。"这个声音是很美妙,但是,不是我要找的声音。"小熊继续慢慢地向前走。"沙啦、沙啦、沙啦"。

一只青蛙在池塘里伸懒腰,他把腮帮子鼓得圆圆的。"滴答、滴答、滴答","青蛙,你有没有听到一种很好听的声音?"小熊问。"当然听到啦!"青蛙说:"这是雨珠落进池塘里的声音。""滴嗒、滴嗒、滴嗒、咕呱、咕呱、咕呱"青蛙跟着雨珠儿一起唱起了歌。"这个声音是很有趣,但是,不是我想要找的声音。"小熊继续慢慢地向前走。"沙啦、沙啦、沙啦"。

咦,声音明明是从脚下传来的嘛。小熊低下头,看见黄色、绿色、红色的落叶厚厚地铺满大地。小熊轻轻地抬起脚:"沙",又轻轻地放下脚"啦"。他高兴地叫起来:"哦,我知道了,我知道了,我知道了!"然后,他飞快地跑回家去。

小熊和妈妈一起在树林里散步。"沙啦、沙啦、沙啦"、"沙啦、沙啦、沙啦"这好听的声音,和着他们的心儿一起跳动。

(5)听辨曲式。曲式就是乐曲的形式,简单说就是音乐的结构,通常用 A 段 B 段或 ABA 段的方式来表示音乐的框架。常见的有一段体曲式、二段体曲式、三段体曲式、回旋曲式、卡农曲式等,教师可引导幼儿听辨重复乐句、乐段,进而引导幼儿学会听一段体、二段体及三段体音乐。在幼儿学会听辨曲式的基础上,再启发幼儿寻找歌曲的规律,初步学会自己创作歌曲。

游戏举例:音乐门铃。让幼儿在 sol、mi、la 三个音块上自由摆弄,敲出一个乐句,然后其他幼儿将其模仿出来,每个幼儿都能敲奏出自己的音乐门铃。在游戏中,幼儿是无意摆弄,但敲出来的音乐其实就是其独特的创作,该过程增强了幼儿的创造力,同时也增强了幼儿对乐句的感知。

游戏规则:在 sol、mi、la 三个音块上摆弄敲出一个乐句的音乐,大家一起模仿。

回旋曲 ABACADA

卡农曲式

三段体曲式,小鸟捉虫,进行曲

① 三段体曲式。

·听一听,想一想。

# 小鸟捉虫

儿童歌曲

提示:家长和教师可将上面这首三段体乐曲演奏或唱给幼儿听,启发幼儿听完音乐后说说自己的感受。

提示:1.通过不断地欣赏乐曲,引导幼儿找出哪两段音乐是相同的,并知道这是三段体曲式,乐曲由三段音乐组成,第一段与第三段音乐相同,第二段音乐有变化。

2.家长和教师让幼儿多次欣赏乐曲,并引导幼儿寻找音乐中的重复乐句,要求幼儿用拍手表示。

· 听一听，想一想。

# 小 鸭 子

曹冰洁曲

提示：1. 让幼儿在多次欣赏的基础上，引导幼儿听辨这是三段体的音乐，并能用拍手表示相同音乐的出现。

2. 教师和家长可启发幼儿听完音乐想象小鸭子在干什么？如：

第一段音乐：小鸭子在摇摇摆摆地走路（1小节至8小节）。

第二段音乐：小鸭子在水中游泳快乐极了（9小节至15小节）

第三段音乐：小鸭子摆摆摇摇上岸回家（16小节至23小节）。

3. 引导幼儿听完音乐，学做小鸭子有趣的模样。

· 听一听, 想一想, 画一画。

家长和教师可让幼儿在纸上将听到的三段体曲式用图画表现出来。

这是两个孩子的创作

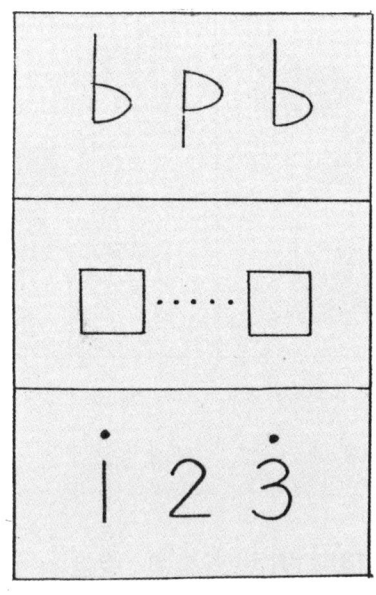

· 编一编, 讲一讲, 敲一敲。

家长和教师可以引导幼儿创编三段体曲式,要求幼儿先思考内容,再画在纸上,最后把创作的三段体曲式表现出来。(可用语言讲述;乐器敲击;动作表示)

这是幼儿的创作:三段体曲式(语言故事加乐器伴奏)

白天,小鸭子高兴地在河里游水。　　　　晚上,小鸭子安静地睡觉了,做了个美梦。　　　　第二天,小鸭子又高兴地在河里游水。

以上三句是幼儿根据配图创编的音乐。

② 创编乐曲,使其符合ABAB'的曲式形式。

·听一听,找一找。

### 创作歌曲的规律

**提示:** 1. 家长和教师可引导幼儿听辨乐曲中共有几句,边听边用手指表示。

2. 引导幼儿听辨四句音乐有什么特点?如第一句和第三句相同,第四句和第二句有相同也有不同,最后音落到"do"的音高上。

3. 可启发幼儿边听音乐边用动作表示四句音乐的特点。如:听第一句音乐摇船,听第二句音乐胸前拍手,听第三句音乐又摇船,听第四句音乐在头上方拍手。

4. 可让幼儿将听到的四句音乐的特点画在纸上。

· 画一画。

这是幼儿的创作:四句音乐,表现ABAB'曲式。

请你班里的孩子也来画一画:

| | | | |
|---|---|---|---|
| | | | |
| | | | |

· 编一编,唱一唱。

根据幼儿掌握作曲规律的情况,家长和教师可带领幼儿四人一组共同合作,按照ABAB'曲式的规律,每人创编一句,同样的儿歌能编出不同的歌曲。请听两组幼儿编的歌曲。

## 大 白 鹅

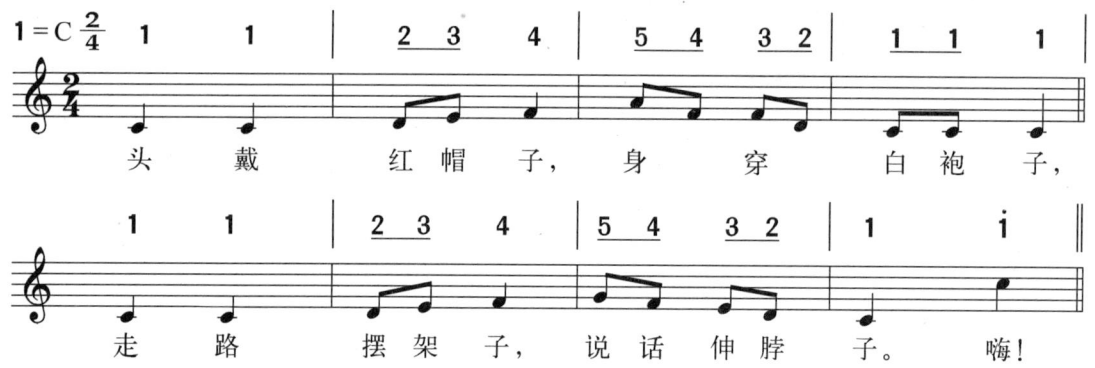

让　座

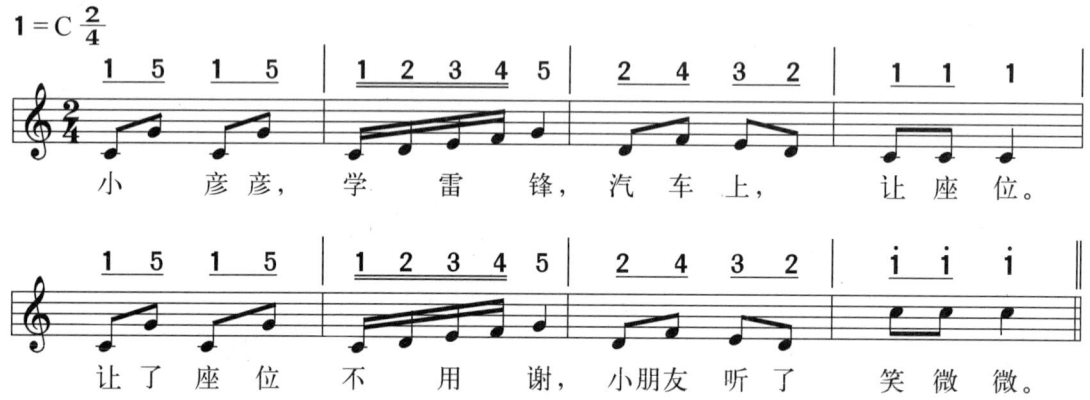

提示：1. 家长和教师可让幼儿学唱这首幼儿创作的歌曲。

2. 引导幼儿将生活中的事编成儿歌，并共同谱曲。

### 三、音乐游戏材料的选择

#### （一）音乐的选择

音乐游戏是以发展幼儿音乐能力为主要教育目标的游戏，所以音乐的选择很重要。不同类型的音乐游戏，其音乐选择的方式也不同。

1. 歌舞游戏或含有类似成分的其他类型的音乐游戏。这类游戏的音乐选择方式与韵律活动的音乐选择方式基本相同，即多使用歌曲和便于幼儿哼唱的乐曲，要求节奏鲜明、结构工整，便于幼儿进行动作表现。

2. 表演游戏。一般根据情节和角色表现的需要来选择音乐，不同的音乐之间对比性要强，以便幼儿区别和表现。

3. 听辨游戏。根据游戏设计与听辨要求来选择音乐,要求听辨的部分应是清晰、明确的,能被不同年龄的幼儿所感知。

**（二）情节角色的选择**

音乐游戏中的情节和角色,是引导幼儿感知和表现音乐的媒介,选择时应注意以下几点:

1. 情节和角色容易用音乐表现,音乐表现的方式应能被幼儿接受和理解。

2. 情节与角色应是幼儿熟悉的、喜爱的,并容易让幼儿从中获得身心满足。

3. 情节与角色应具备丰富的教育潜力,能让幼儿从中获得音乐与非音乐的知识、技能与价值观念。

**（三）游戏规则的选择**

游戏规则的选择在绝大部分情况下需要与音乐教育的目的相联系,但其中也有与其他音乐教育目标相联系的情况。因此,规则选择须从两个方面来阐述:

1. 在选择与音乐教育目标相联系的规则时,要注意不同年龄的幼儿音乐能力的发展水平。

2. 在选择与其他教育目标相联系的规则时,应考虑幼儿相关能力的实际发展水平。

**（四）音乐游戏的注意事项**

1. 突出音乐性,让幼儿在音乐中玩起来。

2. 创设情境性,让幼儿参与情境,在游戏中操作。

3. 明确规则性,让幼儿在游戏中提升规则意识。

4. 体现发展性,推进幼儿综合素质的发展。

参考书目:

1. 曹冰洁.幼儿园音乐教学手册[M].上海:华东师范大学出版社,2011.

2. [美]琳达·卡罗尔·爱德华兹.音乐与律动[M].冯婉桢,等,译.北京:机械工业出版社,2015.

3. 许卓娅.幼儿园音乐教育与活动设计[M].北京:高等教育出版社,2009.

# 胖 国 王

回忆绘本《胖国王》的故事,分析其中的故事情节和人物关系。

1. 思考:如果以《胖国王》故事为背景,设计一个音乐游戏活动,在人物关系和故事情节的选择上,应该注意哪些问题?

2. 操作:在选择背景音乐时,应该如何区分人物角色,以帮助幼儿更好地感受和表现人物的特点?

## 第二讲

## 快乐歌唱

# 快乐游戏

### ·导 读

　　此讲的四个游戏均是在主题背景下展开的，不仅包含了节奏游戏，如"乘巴士"，也包含了歌唱游戏，如"庆丰收"。在此类游戏中，幼儿具备了一定的前期生活经验，为活动的顺利开展提供了可能。同时，以上游戏也给教师提供了借鉴意义，如何设计能让幼儿真正玩起来的游戏是值得教师思考与探索的问题。

# 乘巴士（中班）

## 姜培军

## 游戏背景

在"交通工具"主题中，幼儿认识了一些交通工具的名称和作用，知道它们给我们的出行带来了方便。同时在生活中，幼儿也有过乘巴士的经验，因此在此基础上，我设计了符合中班幼儿年龄特征的音乐游戏"乘巴士"。在音乐中，幼儿学做小司机，并模仿各种人物乘坐巴士；在游戏中，幼儿听辨音乐节奏快慢的变化，并通过各种形式来掌握节奏的变化。

## 游戏目标

1. 听辨音乐中节奏快慢的变化，模仿不同人物的特征来玩"乘巴士"的游戏。
2. 尝试用乐器表现音乐节奏的变化，体验与同伴合作游戏的快乐。

## 游戏准备

1. 音乐、乐器若干（铃鼓、木鱼、小铃、沙蛋）。

2. 经验准备：幼儿听过音乐，了解ABA的曲式；玩过"开巴士"的游戏。

图1 材料

## 游戏过程

### 一、小司机开巴士（玩法一）

教师播放音乐，幼儿边听音乐边扮演巴士司机，在场地中央开巴士，并遵守交通规则。

找空的地方开巴士,尽量不与其他小朋友发生碰撞。

音乐停顿时,代表遇到交通信号中的红灯,司机要静止不动。

## 二、乘巴士(玩法二)

1. 听音乐,猜一猜是哪些人来乘巴士?(让幼儿猜测)

挂拐杖的老爷爷、打电话的爸爸、穿高跟鞋的妈妈、奔跑的小朋友。

2. 让幼儿集体听ABA曲式的音乐,让幼儿根据不同的音乐模仿四种不同人物上巴士的动作。

3. 教师介绍四种不同人物对应的道具,如老爷爷对应的老花镜,爸爸对应的领带,妈妈对应的假发,小朋友对应的书包,让幼儿自由选择想扮演的角色,并上台选择相应的道具进行扮演。在ABA曲式的背景音乐中,幼儿共同玩"乘巴士"的游戏。

在ABA曲式中:A段为四位人物依次乘上巴士;B段为小司机开巴士;A段为四位人物依次下车。

幼儿在听到与自己所扮演人物对应的音乐时,开始模仿相应角色的动作,其他时候则静止不动。

## 三、乐器巴士(玩法三)

1. 教师出示与四位人物对应的四种乐器,让幼儿学会辨别乐器的音色,并将乐器和对应的四位人物进行匹配。(老爷爷对应铃鼓,爸爸对应木鱼,妈妈对应小铃,小朋友对应沙蛋)

2. 让幼儿上台选择与自己所扮演的人物对应的乐器,边听音乐边完整演奏乐器,共同参与"乘巴士"的游戏。

## 规 则

没有轮到自己演奏时,幼儿手中的乐器不能发出声音。

游戏音乐选自《玩转音乐》。

**想一想**

1. 本游戏的音乐选取有何特点?

2. 在引导幼儿根据音乐的节奏模仿不同的角色时,如果幼儿模仿错了该怎么办?

## ● 游戏反思

音乐游戏是将音乐与游戏融为一体的艺术教育活动,是音乐教育中最易被儿童接受、喜爱和理解的一种综合性艺术形式,它包含歌唱游戏、韵律游戏、欣赏游戏、打击乐游戏等,是培养儿童乐感和美感的一条有效途径。"乘巴士"这个游戏就属于打击乐游戏。

首先,游戏创设的内容和情景符合幼儿的生活经验。游戏创设的是乘坐巴士的情景,而现实生活中,幼儿乘过巴士上下学,乘过巴士去旅游,也看到过乘坐巴士的一些人物,因此能较快地理解游戏的内容,掌握游戏的玩法,乐意参与游戏。

图2 乘巴士

其次,游戏音乐的选择符合幼儿的听觉发展规律。游戏中的音乐旋律轻快,节奏变化明显,因此幼儿能清晰地听辨出音乐中的停顿,就好像看到了红灯,明白巴士须停车等待。在A段音乐中,通过四种人物乘巴士的过程,帮助幼儿感受音乐节奏快慢的变化。

最后,游戏设计的玩法便于幼儿用动作或乐器表现。在"乘巴士"的游戏中,当幼儿听到不同的音乐时,大脑中就会不断浮现与音乐有关的人物形象,容易产生用动作或乐器来表现音乐的欲望。例如:第一环节中,幼儿模仿小司机开巴士,在音乐响起时自由开动巴士,在音乐停顿时静止不动；第二环节中，幼儿通过模仿四种不同人物的动作特征乘坐巴士，以此来表现音乐节奏快慢的变化；第三环节中，幼儿选择不同的乐器，根据乐器的音色来匹配四种不同人物的动作特征，再次表现音乐节奏快慢的变化。三个环节之间衔接融洽，层层递进，不断激发幼儿参与游戏的兴趣，同时也较好地达到了游戏的目标。

扫一扫，获取现场
活动视频

# 小鸡快长大（大班）

方 丽

## 游戏背景

　　通过日常的许多活动，我们发现，一些奇怪的、搞怪的、"不走寻常路"的活动内容通常更容易引起大班幼儿的浓厚兴趣，而歌曲《小鸡小鸡》就是这样一首节奏感强，主题内容突显，旋律有特色、能快速抓住幼儿耳朵的歌曲。同时游戏又是幼儿最喜欢的活动形式之一，因此本活动意在结合幼儿的兴趣点，引发幼儿主动学习，感受音乐特质，以幼儿喜欢的音乐游戏的形式，引导其进一步听辨音乐的变化，并在了解游戏规则的基础上，鼓励幼儿根据音乐的提示自觉遵守规则。

## 游戏目标

　　1. 感受、了解音乐特质，听辨音乐变化的提示。

　　2. 能遵守游戏规则，体验音乐游戏的快乐。

## 游戏准备

　　歌曲《小鸡小鸡》、PPT、"三个家"的教具（蛋宝宝的家、小鸡的家、公鸡和母鸡的家）。

图1　PPT

## 一、问题导入，做做玩玩

1. 提问：今天我来做鸡妈妈，等会儿妈妈看，哪边的鸡蛋是我生的哦。（播放1遍音乐）提示孩子蛋宝宝是圆圆的（双手相接环在头上表示蛋宝宝）。

2. 提问：鸡蛋生出来了吗？找找看圆圆的鸡蛋在哪里？有些鸡蛋很健康，圆圆的，有些鸡蛋一碰就会破。

3. 提问：这么多蛋宝宝只有我一个鸡妈妈怎么办？（蛋宝宝长大变小鸡）有一句好听的魔法咒语能让我们快快长大变成小鸡，等我念完，让我来看看谁会迅速变成小鸡。"你长大，我长大，我们两个谁长大"，尖尖小嘴走一走，都是鸡妈妈的小鸡。

4. 提问：小鸡长大变什么？（母鸡或公鸡）最神气的公鸡就在这儿。

5. 提问：魔法咒语都会了吗？跟着音乐一起来长大好吗？蛋宝宝到鸡妈妈身边来，请你们听着音乐来玩。

6. 过渡小结：你们都是我可爱的鸡宝宝，都能听着音乐，念着魔法咒语来长大。

（幼儿有明确的角色意识，能迅速变换角色）

## 二、探索游戏规则，尝试游戏

### （一）第一次游戏，熟悉游戏规则

1. 出示PPT，播放音乐，引导幼儿在音乐即将结束时两两配对，跟着音乐节奏玩一个猜拳游戏：看得懂吗？玩一个什么游戏？（石头剪刀布）如果要在我们刚才"小鸡快长大"的游戏里把这个加进去，你们觉得加在哪里合适？（念魔法咒语的时候）还记得魔法咒语怎么念吗？什么时候"出"？（大的时候出）出拳的同时，魔法咒语也念完了，你们需要马上干什么？（长大，变成小鸡）谁变小鸡？（赢的蛋宝宝）输了的呢？（继续扮演蛋宝宝），请听着音乐来试试看。

2. 个别幼儿分享经验，教师邀请个别蛋宝宝先来玩这个游戏，和大家一起看一下他们的成功之处，并讨论原因。

3. 小结：耳朵听着音乐，念完魔法咒语迅速长大变成小鸡或不变。

**（二）第二次游戏,解决随机问题(如猜拳平局、落单、碰撞等)**

提问:蛋宝宝们想不想一起来试一试? 有什么疑问吗? 我有疑问,如果两个人猜拳平局了该怎么办? (都不变成小鸡)有的小鸡长大变成了公鸡,如果游戏继续胜利,那么该怎么进行? (回到蛋宝宝的家,扮演蛋宝宝)

**（三）尝试继续游戏**

1. 游戏层次二:蛋→小鸡→母鸡和公鸡,尝试进行游戏,解决随机问题。

2. 教师在台上布置三个家的教具,分别为蛋宝宝的家、小鸡的家、公鸡和母鸡的家,并提示蛋宝宝们:当自己变成小鸡时,须进入相应小鸡的家。游戏继续进行,猜拳游戏再次胜利时则进入公鸡和母鸡的家。教师提示幼儿:这是谁的家? 公鸡可以找公鸡,到家里干吗? (到家里找朋友)

---

## 规则

1. 用身体动作明确表示自己的游戏角色,而不发出声音。在猜拳后能根据输赢结果迅速变换自己的角色,并找到自己的家。

2. 听音乐信号,结合音乐节奏做猜拳游戏。

---

## 想一想

1. 幼儿在找到朋友后,教师可以要求他们做出什么动作?

2. 在本游戏中,幼儿真正地玩起来了吗? 你怎么看?

## 游戏反思

在组织教学活动时,我对音乐游戏的效果或价值体现有了更深的思考:

## 一、作为一个音乐游戏,活动的音乐性和游戏性同样重要

这个游戏选择的音乐比较特别,也做了适当的剪辑,并且能让幼儿的游戏口令契合音乐节奏。在改编和设计的过程中,我借助"三个家"的教具来进行游戏,环环紧扣、层层递进地

让幼儿熟悉游戏的规则,让他们充分体验到集体游戏的乐趣。

图2　猜拳

## 二、游戏角色的出现和扮演

在试教的过程中出现过各种突发情况,因此我对教案做了多次修改。作为教师,熟记每个活动环节非常重要,且要猜测幼儿在什么情况下会出现什么问题,在尽量避免问题的同时也需要想出一定的对策或运用情景化的语言来加以引导。教师引导幼儿明确角色及通过游戏让幼儿来完成游戏角色的迅速转换,这些都为之后游戏的延续性提供了铺垫。

## 三、音乐游戏的规则性

规则是游戏的本质特征,音乐游戏也不例外。游戏规则在活动中表现为游戏的情境性和秩序感,如:如何去找朋友,怎样找更符合幼儿的认知规律等。

扫一扫,获取现场
活动视频

# 庆丰收（大班）

### 姜培军

## 游戏背景

本游戏属于歌唱类音乐游戏，歌曲旋律动听优美，曲中带有劳动号子，能让幼儿感到新奇，激发他们演唱的兴趣。游戏可以在大班"春夏秋冬"的主题下开展，丰富幼儿关于蔬菜瓜果的经验。通过这个音乐游戏，可以让幼儿掌握一些简单的歌唱形式，感受歌曲中固定的节奏型，探索默唱游戏的玩法。

## 游戏目标

1. 掌握歌曲劳动号子的风格，尝试一些简单的歌唱形式。

2. 感受固定节奏型，探索默唱玩法，体验游戏的快乐。

## 游戏准备

PPT，音乐，水果、蔬菜图片若干。

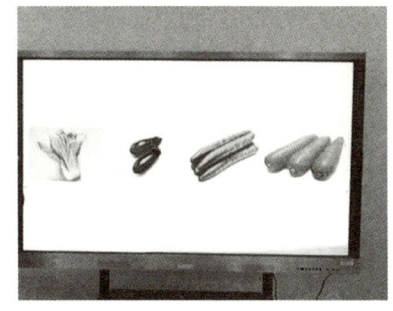

图1　蔬菜图片

## 游戏过程

### 一、歌唱（玩法一）

教师带领幼儿完整学唱歌曲《庆丰收》，从而熟悉歌曲。

1.师幼对唱。

2.分组,衬腔式的演唱。

3.卡农式演唱。

4.二声部演唱。

 规则

分组时记住自己该怎么唱,不要受他人影响。

## 二、复合节奏(玩法二)

1.教师出示图片:香蕉、苹果、桔子、梨,带领幼儿以四拍的固定节奏依次说出水果的名称,重复两遍。

2.将幼儿分成两组,一组唱:嘿哟嘿哟嗬,另一组幼儿有节奏地念水果名称。教师出示图片:青菜、茄子、黄瓜、胡萝卜,带领幼儿以四拍的固定节奏依次说出瓜果的名称,重复两遍。

3.将幼儿分成两组,一组唱:嘿哟嘿哟嗬,另一组幼儿有节奏地念蔬菜名称。

4.果园、菜园大丰收:将幼儿分两组,一组有节奏地念水果名称,一组有节奏地念蔬菜名称,大家同时念。

(1)甲组:香蕉、苹果、桔子、梨。

(2)乙组:青菜、茄子、黄瓜、胡萝卜。

 规则

念水果、蔬菜名字的时候,节奏要稳定。

## 三、默唱——吃瓜果(玩法三)

1.拿掉其中一种水果,念白到这个水果时,用拍手来代替念词;也可引导幼儿使用其他方式来代替,如跺脚、点头等。

2.拿掉其中一种蔬菜,念白到这种蔬菜时,用拍手来代替念词。幼儿熟练游戏后,可去掉第一种蔬菜进行游戏。

3.幼儿分组合作,共同玩默唱游戏。

4.熟悉游戏玩法后,幼儿也可自己摆放蔬菜瓜果的图片来玩游戏。

规 则

1.每组记住自己的瓜果或蔬菜,玩的时候不受他人影响。

2.熟练游戏玩法后,幼儿可多分几组,每一组可请一名小指挥。

想 一 想

1.除了教师出示水果图片,还可以采用什么方式进行游戏?

2.除了游戏中的复合节奏和默唱,还可以采取什么演唱形式?

## 游戏反思

歌唱是人类表达、交流思想感情的最自然的方式之一,也是幼儿表达自己思想、情感的一种方法。在歌唱活动中,如果我们能运用游戏的形式来进行教学,就能更好地激发幼儿参与歌唱活动的兴趣和愿望,从而使幼儿多方面的能力得到更好的发展。

《庆丰收》是一首表现秋天果实丰收情景的歌曲。这首歌曲的歌词简单易懂,旋律朗朗上口,演唱时,幼儿特别喜欢曲中的劳动号子:"嘿哟嘿哟嗬,嘿哟嘿哟嗬。"因此,在演唱的形式上就可稍加丰富,如:对唱、分组唱、衬

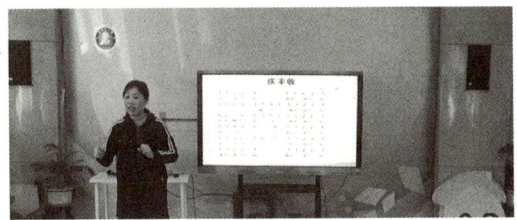

图2　演唱歌曲

腔式的演唱。幼儿在演唱时,脑海会浮现秋收劳动时的热闹场景,这样一来,歌曲不仅会变得丰富饱满、好听,而且幼儿会始终保持演唱的兴趣。

在游戏的第二、三环节中,幼儿在情境性的游戏中继续游戏:在果园里、菜地里摘果子、摘蔬菜,这时游戏以复合节奏的形式呈现。幼儿将根据出示的水果、蔬菜的图片,按照一拍一种水果、蔬菜的规律,有节奏地点读,然后两组幼儿同时点读,要做到记住自己采摘的水果或蔬菜的名称,不受他人干扰。采摘后,幼儿又哼唱着歌曲将自己的劳动果实运回家,随后

品尝果实。这时,我通过"默唱"的形式来开展游戏,即拿走的水果或蔬菜不能说出,只能在心中默唱并用拍手来表示。幼儿也可分成两组,同时开展"默唱"游戏,这样一来,不仅增加了活动的游戏性,而且对幼儿来说,这样更具挑战性,也提升了幼儿在歌唱中灵活变动的能力。

当然,游戏还可持续发展,教师可在音乐区角中提供许多水果和蔬菜的图片,让幼儿自由选择创编,并将蔬菜水果的名字唱到歌曲中。拿走的水果、蔬菜不仅可以用身体的动作来表现,也可以通过一些声音(如象声词)来表现。游戏的趣味性增强,幼儿参与游戏的积极性也就更高。

附歌曲:

# 庆 丰 收

词曲:叶 婷

1 = C

| 3 5 | 6 5 | 3· 5 | 3 1 | 3 3 | 2· 2 | 1 | — |
|------|------|-------|------|------|-------|---|---|
| 金 色 | 阳 光 | 照 耀 | 大 地 | 嘿 哟 | 嘿 哟 | 嗬, | |

| 5 6 | i 6 | 5· 6 | 5 3 | 3 3 | 2· 2 | 1 | — |
|------|------|-------|------|------|-------|---|---|
| 稻 米 | 飘 香 | 果 实 | 满 地 | 嘿 哟 | 嘿 哟 | 嗬, | |

| 5 5 | 5 3 5 | 6 i | 5 | 3 3 | 2· 2 | 1 | — |
|------|--------|------|---|------|-------|---|---|
| 我 们 | 背上那 | 小 背 | 篓 | 嘿 哟 | 嘿 哟 | 嗬, | |

| 3 3 | 3 2 3 | 5 6 | 5 | 3 3 | 2· 2 | 1 | — |
|------|--------|------|---|------|-------|---|---|
| 果 实 | 满篓庆 | 丰 | 收 | 嘿 哟 | 嘿 哟 | 嗬, | |

| 3 3 | 2· 2 | 1 | — | 3 3 | 2· 2 | 1 | — |
|------|-------|---|---|------|-------|---|---|
| 嘿 哟 | 嘿 哟 | 嗬。 | | 嘿 哟 | 嘿 哟 | 嗬。 | |

扫一扫,获取现场
活动视频

# 圣诞老人（大班）

## 杨 婕

## 游戏背景

本次活动情景选自绘本《圣诞老人的王国》,故事十分有趣,讲述圣诞老人一年十二个月的生活,能充分引起幼儿的兴趣。

整个活动以走进圣诞老人的王国展开,回忆儿歌"屋顶上面白雪盖,全把烟囱埋起来,突然盖子被移开,圣诞老人跳出来"。关注幼儿能够跟着音乐有节奏地念儿歌,尝试用肢体动作表现儿歌。此时,在幼儿的兴致被调动起来后,由"驯鹿学校开学"的故事情节导入重点环节:让幼儿大胆想象,并用拟声词和肢体动作模仿"拉雪橇、摇铃铛"等动作,跟着音乐用两种不同的节奏大胆表现。幼儿结合生活经验,想象并模仿雪橇和铃铛可能会发出的各种声音,如雪橇摩擦雪地时发出"丝丝,呲呲,嘘嘘"的声音,铃铛摇晃时发出"叮叮当,叮铃铃,叮叮叮"的声音等,教师与幼儿一同梳理并掌握两种节奏型。最后,幼儿尝试用复合节奏完整表现"圣诞老人的王国",体验合作游戏的快乐。整个活动由故事情节贯穿始终,幼儿始终沉浸在圣诞老人的王国中,最后以平安夜的故事情景结束,首尾呼应,增强了整个活动的完整性。

## 游戏目标

1. 尝试跟随音乐用合适的拟声词和肢体动作有节奏地表现雪橇和铃铛。

2. 能用复合节奏表现《圣诞老人的王国》,体验合作游戏的快乐。

## 游戏准备

1. 经验:幼儿会念儿歌《圣诞老人》。

2.材料：绘本故事PPT、音乐、节奏谱图、驯鹿头饰、铃铛图片挂饰和圣诞帽等。

图1　PPT

## 游戏过程

### 一、走进绘本，复习儿歌

1.复习儿歌《圣诞老人》。

教师带领幼儿看PPT中的图片，听故事开头的录音，走进"圣诞老人的王国"。

2.跟随音乐用律动表现儿歌。

教师示范肢体动作，并邀请幼儿集体上台，用肢体动作表现儿歌。

### 二、大胆创编，表现节奏

1.探索"雪橇"拉动时发出的声音，看图谱，听音乐，引导幼儿用合适的拟声词和肢体动作表现节奏。

（1）教师讲述故事"四月驯鹿学校开学"，探索拉雪橇时会发出的声音。

（2）表现拉雪橇的节奏"嘘嘘 ｜ 嘘嘘 ｜"，并让幼儿尝试用肢体动作表现。

2.探索"铃铛"发出的声音，看图谱，听音乐，引导幼儿用合适的拟声词和肢体动作表现节奏。

（1）教师讲述故事"为驯鹿挂铃铛"，探索铃铛发出的声音。

（2）表现铃铛的节奏"叮叮当 ｜ 叮叮当 ｜"，并让幼儿尝试用肢体动作表现。

### 三、复合节奏，完整表现

1.尝试用"雪橇＋铃铛"的复合节奏表现驯鹿拉雪橇的过程。

（1）全体幼儿扮演驯鹿拉雪橇，教师扮演铃铛，初次感受复合节奏。

（2）全体幼儿分成两组，自由选择扮演驯鹿和铃铛，初次表现复合节奏。

（3）幼儿两两合作，分别扮演驯鹿和铃铛，共同表现复合节奏。

2. 完整表现。

（1）教师扮演圣诞老人，幼儿两两合作扮演驯鹿和铃铛，加上开头儿歌，尝试表现完整的的故事情境。

（2）邀请个别幼儿扮演圣诞老人，其余两人合作扮演驯鹿和铃铛，加上开头儿歌，再次表现完整的故事情境。

3. 故事结尾。

（1）听故事中十二月的录音，感受平安夜的宁静和快乐。

（2）引出绘本《圣诞老人的王国》。

**规则**

1. 在念儿歌和表现肢体动作时，一定要跟着音乐，有节奏地表现。

2. 在进行复合节奏的游戏时，两组的节奏、速度要一致。

**想一想**

1. 从游戏的角度看，你怎么评价本活动的游戏性？

2. 如果是你，你会如何设计本游戏？

**游戏反思**

教师选择绘本故事作为载体，结合动听的故事录音与欢快的音乐，让幼儿轻松地进入情境，充分激发幼儿探索与表现的兴趣。活动过程步骤清晰，层层递进。在表现"雪橇"时，教师一开始就让幼儿听音乐，大胆、自信地表现，虽然有些幼儿节奏不稳，但也能跟着音乐与同伴在不断感受的

图2 讲故事

过程中掌握节奏。在表现"铃铛"时，教师能在游戏过程中及时发现幼儿的亮点，将其作为榜样辐射给更多的幼儿。当幼儿节奏不稳时，教师应当用情境语言引导幼儿，拉雪橇时要把握一个"稳"字，帮助不稳的幼儿掌握节奏。

在活动推进的过程中，教师可将评价的话语权更多地交还给幼儿，让大家来说说个别"榜样"好在哪里，这不仅是经验的分享，更体现了生生互动的有效性。在作为重点和难点的"复合节奏"环节，教师能够通过师生合作、角色分组和两两合作，让幼儿在游戏中感受复合节奏，这对大班幼儿来说，具有挑战性。本游戏的层次感很强，每一次游戏都提高了一个难度。同时，游戏的音乐性和可玩性也很强，幼儿在充分掌握节奏的基础上，还可以开展打击乐的延伸活动，进一步用乐器玩起来。

扫一扫，获取现场
活动视频

## 游戏评析

### 一、内容选择

从内容选择来看,在主题背景下开展音乐游戏的,幼儿有经验基础,开展起来能更顺利。

本讲的四个游戏都是在主题背景下开展起来的。"乘巴士"可以在"我爱我家"、"交通工具"的主题中开展,幼儿在熟悉身边成人特征的基础上进行模仿表现;"小鸡快长大"是在"动物大世界"的背景下,在幼儿了解动物的生长过程的前提下开展的;"庆丰收"可以在"春夏秋冬"的主题下,在幼儿了解季节特征以及与人们生活关系的基础上进行;"圣诞老人"则是在"迎新年"的主题下进行的。因为幼儿有前期经验的积累,所以整个游戏得以顺利开展。试想,如果幼儿没有对成人形象特征的把握,就无法区别音乐,更无从进行模仿;如果幼儿不了解和熟悉小鸡的生长过程,就不知道当"剪刀、石头、布"游戏赢了时,自己应该变成什么;如果幼儿对秋天的丰收一无所知,就很难理解歌曲《庆丰收》的含义;如果幼儿没有过新年的经验,对于圣诞老人,甚至于驯鹿、雪橇、烟囱等送礼物的儿歌也很难进行记忆。没有这些经验,游戏就会变得混乱,甚至无法进行。因此,如果我们的游戏内容能建立在幼儿已有经验的基础上,且在特定的主题背景下开展,那么进行起来就会非常顺利。

### 二、游戏设计

从游戏设计上看,音乐游戏要让幼儿能玩起来。

这一讲的四个活动中,"小鸡快长大"的设计应该是一个比较纯粹的音乐游戏。它非常有趣,利用猜拳的方式进行游戏的玩法也相对简单,完全符合了游戏要有输赢、结果不确定的特征。所以它能让幼儿玩起来,它的有趣和多变也能深深地吸引幼儿参与其中。其他三个活动的设计更趋向于教学游戏,或者说是情景性的游戏化活动。"乘巴士"游戏创设了一个乘巴士的情景,引导幼儿根据音乐的节奏模仿不同的角色,但是做对了会怎么样,做错了又会怎么样,游戏过程中并没有交代,也没有体现。"庆丰收"更像是歌唱教学的游戏,运用游戏化的情景,让幼儿在庆丰收的过程中,用不同的方式来演唱歌曲,从而掌握各种演唱的技巧。"圣诞老人"也是一个比较完整的情景,幼儿在游戏过程中创编不同的雪橇和铃铛的节奏,进行复合节奏的表现,但是游戏中没有输赢的成分。

纵观以上分析,我们可以得出一个结论,音乐游戏的设计一定要包含输赢结果,而且每一次的输赢可能会不同,幼儿会对每次的输赢结果产生期待,这样才能保证他们能在活动中真正玩起来。我们可以将这些活动稍作一些调整，来凸显游戏性。例如：在"乘巴士"游戏前面学做小司机的环节中，可以让教师扮演警察，幼儿扮演小司机，遵守规则的小司机可以一直在马路上开巴士，而违反规则的司机（如撞人、需要停下来的时候没有停）则会被警察叫停，在一边停一次。在"圣诞老人"游戏中，教师可以在幼儿开始玩游戏的时候，准备一些礼物盒，其中有的盒子有礼物，有的没有礼物。幼儿在跟随音乐节奏拉雪橇以后，可以寻找礼物盒。如果找到的礼盒中有礼物就算是完成任务，可以休息一下。如果礼盒中没有礼物则需要继续寻找，直至找到礼物为止。加入这样的输赢结果，以及让幼儿根据结果产生不同的行为，才能算是真正的游戏，才可以让幼儿不停地玩下去。

### 三、互动引导

从现场的互动引导来看，教师巧妙利用游戏情景对助推幼儿发展非常关键。

音乐游戏的开展一定要伴随着一些音乐技能的获得，这是不能回避的事实。幼儿从不会做游戏到会做游戏的过程，本身就是幼儿音乐技能获得的过程。教师只有在游戏的情景中，通过巧妙地推进游戏环节，才能让幼儿获得发展，否则将会变成单纯技能的练习。

在今天的活动中，有些教师在运用游戏情境方面的能力还是比较欠缺的，没能自始至终地让幼儿沉浸在教师营造的游戏情境之中，特别是教师的语言经常会游离在游戏情境之外。例如：在"小鸡快长大"中，教师应该用鸡蛋长大、小鸡长大的语言来激励幼儿，而不是用"赢了变什么"这样的语言来引导幼儿。在"圣诞老人"中，教师鼓励幼儿创编铃铛的声音，应该用"听听哪个铃铛发出的声音最好听，圣诞老人就会把它挂在雪橇上"这样的话来引导幼儿，而不是用"哪个声音像铃铛"来提醒幼儿。前者是让幼儿在整个"驯鹿学校开学"的情境中进行游戏，后者则是教师单纯地追求技能要求。虽然只是不一样的两句话，但是对幼儿的引导作用是完全不同的。现在，很多教师都能在活动前创设一个有趣的游戏情境，但是我们更要关注的是，如何能让这一情境贯穿游戏始终，用情境来助推幼儿发展，从而让幼儿的能力获得提高。

在这些活动中，每个游戏中都有一些小小的不足。首先"乘巴士"游戏中，PPT中的音乐已经停了，但是巴士一直在开，这对幼儿来说是干扰的。其次是在游戏中，教师对幼儿的表扬应该是具体的，比如可以让幼儿表演给同伴看，然后让同伴去发现他好在什么地方，而不是从教师的口中说出来。最后，在乐器的使用上，不一定要规定得很严格，可以开放一点。如果幼儿用了其他的乐器也能表现出她所扮演的角色，那么就可以灵活调整。第二个活动"小鸡快长大"是一个非常有趣的游戏，但是在教师的组织过程中，教师的语言过多，掩盖了倾听的内容,其实有很多规则是要让幼儿去听的,而不是教师说的。比如什么时候去找朋友、什么时候出拳等,都是要幼儿通过听音乐来判断的,教师可以在幼儿坐在座位上的时候让他们去听。可以看到,活动一开始,幼儿跟不上音乐,对于规则是在一遍一遍做游戏中学会的,这是因为活动开始时未明确规则造成的。此外,有段音乐是让幼儿去念的,但是这段音乐没有前奏,幼儿跟不上,所以教师在录音乐的时候,可以加上前奏,让幼儿有个准备,然后再开始游戏。在"谁长大"猜拳游戏中,幼儿在找朋友的时候没有流动起来,找到朋友后两个人就面对面站在那里不动。我觉得这个游戏前面有很长一段音乐是可以让幼儿走动的,走动的过程中可以包含一些要求,比如我是小鸡蛋的话,该怎么走,该怎么模仿小鸡的动作,如果我是母鸡,又该怎么走,虽然最终结果只是落在猜拳这个环节上,但在这个过程中,幼儿对动作的模仿表现也是音乐能力提高的一个表现。在整个过程中,幼儿听到了音乐,做了动作,还理解了规则。在第三个活动"庆丰收"中,前奏应该有一个很明显的结束,便于教师和幼儿进入音乐。在最后"圣诞老人"这个活动中,教师利用肢体动作帮助幼儿记忆儿歌,这是一个很好的方法,但如果能让幼儿玩起来就更好了。

# 快乐歌唱　快乐游戏

## 姜培军

　　唱歌是人类表达、交流思想感情的最自然的方式之一，也是幼儿表达自己思想、情感的一种方法。它具有重要的教育价值，能在潜移默化的影响中，陶冶幼儿的情操，启迪幼儿的心智，完善幼儿的品格。因此幼儿园的教育活动不能缺少歌唱教学，它对孩子的成长有着深远的意义。我们以往的歌唱教学方法通常比较单调、呆板，教师占主导地位，教学模式也多以老师示范唱、幼儿跟唱为主，老师一遍一遍地教，幼儿一遍一遍地模仿，虽然把歌学会了，但久而久之，幼儿对学习唱歌的兴趣也渐渐地淡了。

　　那么如何提高幼儿的歌唱能力，让我们的歌唱活动真正地"活"起来呢？其实方法就是让幼儿在游戏中快乐学唱、快乐歌唱。因为对于年幼的孩子来说，游戏也是一种学习，它是一种更重要的、更适宜的学习。幼儿天生是喜欢音乐的，如果我们能在歌唱活动中运用游戏化的方法进行教学，就能更好地激发幼儿参与歌唱活动的兴趣和愿望，从而使幼儿多方面的能力得到更好的发展。

### 一、游戏的导入，激发幼儿的歌唱兴趣

　　我们都知道，兴趣是幼儿学习歌唱的首要前提。让幼儿在有趣的音乐活动中实现歌唱教学的目标，这是我们教师应该努力的方向，而培养幼儿的兴趣则是关键所在。

　　比如：小班的幼儿年龄小，他们集中注意力的时间较短，且常常会被一些其他事物干扰，因此我们会在歌曲中加入一些动作，通过增加一些歌曲演唱的变化来吸引幼儿的注意，让他们能轻松自然地唱唱玩玩。例如：

#### Sing hello

师生问好：Sing hello to 小朋友，Sing hello to 姜老师。

个别问好：Sing hello to ×××，Sing hello to ×××。

指令性歌唱：拍 拍 拍 拍 手；跺 跺 跺 跺 脚。

　　　　　　转 转 转 圈 圈；跳 跳 跳 一 跳。

在演唱歌曲时，我们往往会让幼儿练练声，以便他们的声音能达到较好的状态。此时，我们会为幼儿创设游戏的情境，让他们的身体动起来，在放松的状态下达到练声的目的，同时也可通过身体的动作来帮助幼儿掌握音高，唱准歌曲的旋律。

# 花 公 鸡

词曲佚名

1 = C 2/4

| 5 5 | 3 — | 6 6 | 5 — | 6 5 4 3 | 2 2 |
| 花 公 | 鸡 | 喔 喔 | 喔 | 清 早 爬 上 | 小 山 |

| 5 — | 6 6 6 | 3 3 3 | 5 6 5 4 | 3 | 2 | 1 — ‖
| 坡 | 喔 喔 喔 | 喔 喔 喔 | 喔 喔 喔 喔 | 喔 | 喔 | 喔 |

演唱《花公鸡》，边走边唱边做动作，音高逐渐升高、降低。

到了大班，幼儿的演唱、表现、合作等各方面的能力都得到了发展，这时他们会自己创编歌曲，变化演唱的方式，这样的形式能促使他们更乐意、更积极地参与到歌曲的演唱活动中。

# 问 好 歌

师生问好、朋友间相互问好（2—3遍）、向客人老师问好。

将游戏导入歌唱教学活动，不但吸引了幼儿的注意力，激发了幼儿的兴趣，而且对歌唱教学有一定的促进作用。原本只是一个枯燥的歌唱练声活动，因为有了游戏导入，瞬间使气氛轻松活跃了起来，幼儿在良好的氛围中学习，才能较快地接受新知识。

## 二、歌曲的选择，歌唱的形式应多样化、游戏化

在歌唱活动中，我们应该尽量避免选择一些会让幼儿感觉乏味的曲目，而是要让歌唱变成幼儿的享受。因此，我们在选择歌曲时，除了要考虑幼儿的年龄特点、发展水平外，还必须考虑到歌曲本身的趣味性，比如是否可以把歌曲内容设计成一个或一系列的小游戏，让幼儿在学习过程中体验到和"玩"一样的感觉。

同时歌唱有很多种形式，如：独唱、齐唱、领唱、分组唱等，还可以在歌唱中加入接唱、朗诵、卡农等歌唱形式，这对于幼儿来说既新鲜又具有挑战，也会激起幼儿参与歌唱活动的欲

望。例如：

歌曲《小猪》的旋律朗朗上口，幼儿很喜欢演唱。在演唱歌曲的第一、第二句时，我请一部分幼儿进行接唱，即：小猪小猪胖嘟嘟，（接唱）胖嘟嘟；睡懒觉呼噜噜，（接唱）呼噜噜，吃东西，咕噜噜噜噜，走起路来，摇屁股。通过接唱，歌曲变得活灵活现，更有趣了，幼儿在演唱的时候也会特别带劲。

《小溪轻轻流》曲风轻缓温柔，我尝试将朗诵加入到歌曲中，即：第一遍完整演唱，第二遍在音乐旋律中有节奏地朗诵歌词，并用动作加以表现，第三遍再次完整演唱歌曲。如此一来，歌曲演唱更为丰满，可听可视性也更强。

在演唱《小青蛙和癞蛤蟆》这首歌时，我让幼儿通过声音的变化来模仿这两种小动物，唱到小青蛙时声音高高的、细细的；唱到癞蛤蟆时声音低低的、粗粗的。教师通过手势引导幼儿在演唱时变换两种不同的声音，就好像是小青蛙和癞蛤蟆在对话，给幼儿带来了新鲜感，幼儿演唱的兴趣也增强了。

《小蜘蛛》游戏步骤如下：

（1）手指游戏：用手指来表现歌曲内容。

（2）演唱形式：蜘蛛的数量一个一个叠加进来演唱。

（3）加入乐器：小蜘蛛—木制乐器（如木棒）；雨水—散响类乐器（如沙球）；太阳光—铁制乐器（如小铃、三角铁等）。

（4）加入道具：彩带。两两合作使用彩带进行游戏，三人、四人合作，叠加彩带的数量，形成蜘蛛网。

## 小　蜘　蛛

美国童谣改编

作词　王静

1 = C

| 1 | 1. 2 | 3 | 3. 3 | 2. 1 | 2. 3 | 1 | - |
|---|---|---|---|---|---|---|---|
| 有 | 一 只 | 蜘 | 蛛 从 | 水 管 | 爬 上 | 来， | |

| 3 | 3. 4 | 5 | 5 | 4. 3 | 4. 5 | 3 | - |
|---|---|---|---|---|---|---|---|
| 雨 | 水 哗 | 哗 | 哗 | 把 它 | 冲 走 | 了， | |

| 5 | 5. 5 | 4 | 4 | | 3. 2 | 3. 4 | 2 | — | |
|---|---|---|---|---|---|---|---|---|---|
| 太 | 阳 光 | 洒 | 下 | | 晒 干 | 了 大 | 地， | | |

| 1 | 1. 2 | 3 | 3. 3 | | 2. 1 | 2. 3 | 1 | — | |
|---|---|---|---|---|---|---|---|---|---|
| 又有 | 一 只 | 蜘 | 蛛 从 | | 水 管 | 爬 上 | 来。 | | |

### 三、丰富的游戏玩法，赋予歌曲新的生命力

**（一）利用生活中常见的道具**

歌曲《我的家》是一首带有云南少数民族风情的歌曲，旋律优美，非常动听，歌词温暖且富有意境。我和孩子们深深地被这首歌吸引了，很快我们就学会了演唱这首歌曲。恰逢这时流行起了"杯子传递"的游戏，而杯子是我们生活中随手可得的道具，简单又方便，于是我们"爱上课俱乐部"工作坊的老师们经过研讨、实践，在演唱《我的家》的副歌部分时，加入了杯子传递的游戏，并通过语言帮助幼儿有节奏地传递杯子，即：带上小种子去种上。教师带领幼儿跟随音乐，通过拍手和拍桌子的方式来打节拍，同时传递纸杯，音乐播放到主歌部分时，杯子在谁面前，这名幼儿就站起演唱第一遍，然后幼儿集体站起来演唱第二遍，并根据自己的感觉自由做肢体动作。改编后的这个歌唱游戏，受到了幼儿大大的欢迎，他们传递杯子时非常专注，演唱歌曲时很投入，将游戏推向了高潮。这个游戏成了我们音乐区角中最受欢迎、最经典的游戏之一。

**（二）默唱游戏**

在歌唱游戏中，当幼儿能完整熟练地演唱一首歌曲时，为了增加歌曲的趣味性，激发幼儿的演唱积极性，我们也会常常开展默唱的游戏，即：隐藏歌曲中的某一句歌词（不能唱出），只能通过肢体动作或发出一些象声词来表现。幼儿很喜欢这种默唱游戏，通过游戏，大大提高了幼儿的专注力和自控力。

### BINGO

根据美国童谣改编

作词　王静

1 = C

| 1 | 1 | 1 | 5 | 6 | 6 | 5 | 5 | | 1 | 1 | 2 | 2 | 3 | 1 | |
|---|---|---|---|---|---|---|---|---|---|---|---|---|---|---|---|
| 从 | 前 | 有 | 位 | 老 | 农 | 夫 | 他 | | 养 | 了 | 一 | 条 | 小 | 狗 | |

| 3 | 3 | 4 4 | 4 | | 2 | 2 | 3 3 | 3 | |
|---|---|---|---|---|---|---|---|---|---|
| B | I | N G | O | | B | I | N G | O | |

| 1 | 1 | 2 2 | 2 1 | | 7̣ 5̣ | 6̣ 7̣ | 1 | — | — |
|---|---|---|---|---|---|---|---|---|---|
| B | I | N G | O 它 | | 名 字 | 叫 B | I | N G | O |

有节奏地朗诵歌词(打棒打节奏)。

带领幼儿跟着音乐熟悉歌曲,演唱歌曲。

教师逐一拿掉道具中的字母,用身体各部位的图片代替,带领幼儿做相应的肢体动作:B表示拍手,I表示拍肩,NG表示拍腿,O表示跺脚。

乐器演奏:B表示打棒,I表示小铃,NG表示沙蛋,O表示小鼓。

**(三)卡农节奏游戏**

歌曲的演唱可以通过韵律来表现,也可通过节奏来表现。小班的幼儿可以边唱边拍拍手、跺跺脚,以此来表现节奏;中班的幼儿可以击打身体的各个部位来表现节奏;大班的幼儿有能力以**卡农**的形式来表现节奏。

# 新 年 钟 声

根据法国儿歌改编

作词 王静

1 = C

| 1 | 2 | 3 | 1 | | 1 | 2 | 3 | 1 | | 3 | 4 | 5 | — |
|---|---|---|---|---|---|---|---|---|---|---|---|---|---|
| 新 | 年 | 来 | 到 | | 新 | 年 | 来 | 到 | | 真 | 开 | 心 | |

| 3 | 4 | 5 | — | | 5 6 | 5 4 | 3 1 | | 5 6 | 5 4 | 3 1 |
|---|---|---|---|---|---|---|---|---|---|---|---|
| 真 | 开 | 心 | | | 听 到 | 钟 声 | 敲 响 | | 听 到 | 钟 声 | 敲 响 |

| 1 | 5̣ | 1 | 0 | | 1 | 5̣ | 1 | 0 | |
|---|---|---|---|---|---|---|---|---|---|
| 叮 | 咚 | 叮 | | | 叮 | 咚 | 叮 | | |
| 新 | 年 | 来 | 到 | | 新 | 年 | 来 | 到 | |
| 叮 叮 当 | | 叮 叮 当 | | | 铃 儿 响 叮 | | 当 | | |

| | | | | | | | | | |
|---|---|---|---|---|---|---|---|---|---|
| 真 | 开 | 心 | | | 真 | 开 | 心 | | |
| 我 们 大 家 | | 在 一 起 我 们 | | | 唱 歌 多 快 | | 乐 | | |

| | | | | | |
|---|---|---|---|---|---|
| 听到钟 | 声敲响 | | 听到钟 | 声敲响 | |
| 叮叮当 | 叮叮当 | | 铃儿响叮 | 当 | |

| | | | | | |
|---|---|---|---|---|---|
| 叮 咚 叮 | | | 叮 咚 叮 | | ‖ |
| 我们大家 | 在一起我们 | | 唱歌多快 | 乐 | ‖ |

完整演唱歌曲。

衬腔:一组唱主旋律,一组唱"叮咚叮"。

卡农:将幼儿分成两组,第二组晚2拍开始唱。

合唱:一组唱《新年钟声》,一组唱《铃儿响叮当》。

### 四、歌曲的再创编,提升幼儿的演唱能力

在幼儿歌曲演唱的过程中,作为教师应多听、多看、多想、多练,尝试将一些耳熟能详的歌曲再次改编或创编,如:将两首歌曲有机地结合、简单的二声部合作等,这对幼儿来说都是一次演唱的挑战,会激发幼儿的演唱兴趣,同时也能提升幼儿的演唱能力。当然,这需要在幼儿有经验、有能力的前提下开展,无须强求,否则会适得其反。

两首歌曲合唱:《数星星》、《小星星》。

二声部合唱:《春天》、《春天在哪里》。

师生合唱:《听妈妈讲那过去的事情》。

总之,歌唱活动与游戏的有机渗透,不仅能使幼儿心情愉快,而且有利于幼儿的智力开发。采用游戏的方式进行歌唱活动,容易让幼儿接受,能调动幼儿歌唱的主动性和积极性,同时能让幼儿在游戏中发现不同的解决问题的方法,让幼儿在游戏中得到学习和锻炼。当然,我们不能把游戏作为一种控制幼儿学习知识的法宝,而应该让幼儿在游戏的情景中,主动地、积极地去歌唱和表现自己,以自己的方式去感受歌曲,让我们的歌唱活动真正"活"起来。

**参考书目:**

1.曹冰洁.走进幼儿音乐世界[M].上海:上海社会科学院出版社,2000.

2.陈蓉,王莉娟.从头到脚玩音乐[M].上海:上海音乐学院出版社,2009.

3.叶婷,王静,周婵琼.玩转音乐——乐奇奥尔夫系列教程LEVEL-6音乐绘本[M].上

海：上海科学普及出版社,2012.

引用歌曲:《玩转音乐》

# 买　菜

请以湖北民歌《买菜》为背景,设计一个歌唱类音乐游戏,丰富幼儿的生活经验,并思考:

1. 如何根据歌曲本身的特点,在游戏中增加新的演唱形式。

2. 如何在歌唱游戏中积累和丰富幼儿的生活经验,以及怎样选择和确定合适的感受方法。

# 买　菜

湖北民歌

林望删节

金色风铃网制谱

第三讲

幼儿园音乐游戏活动中

音乐选择的

案例分享

· 导 读

　　本讲主要选取了几个音乐元素鲜明的游戏，阐释在不同种类的音乐游戏中，音乐选择的特点和原则。例如：在听辨类游戏中，应根据游戏情景选取节奏、力度等对比强烈的音乐；在歌舞类游戏中，应该选取能让幼儿尽情展示自己的音乐等。总之，并非所有的音乐都适合做音乐游戏，选择适宜的音乐对音乐游戏的顺利进行至关重要。

# 一只哈巴狗（小班）

### 浑佳希

## 游戏背景

　　小班幼儿的听辨能力尚处于启蒙阶段，为了培养他们的听辨兴趣，形成相关的能力，我对经典歌曲进行了简单的改编，设计了适合小班幼儿参与的音乐游戏"一只哈巴狗"。在游戏中，我想通过哈巴狗找肉骨头的情景，引导幼儿对听到的音乐信号做出反应，培养其静听的习惯。

　　同时，结合趣味、多变的音频（信号音强弱的变化），持续激发幼儿的游戏兴趣，支持他们在多元化的游戏场景中认真地听、快乐地玩。

## 游戏目标

　　1. 复习《一只哈巴狗》歌曲内容，能对简单的音乐信号做出反应。

　　2. 喜欢和同伴共同参与游戏，体验哈巴狗找到肉骨头的快乐。

## 游戏准备

　　1. 教具准备：课件，大、小肉骨头图片及草地背景若干。

　　2. 经验准备：幼儿已会演唱歌曲《一只哈巴狗》。

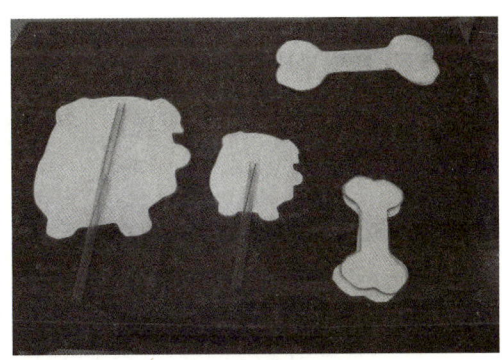

图1　肉骨头

## 一、复习歌曲，引起兴趣

播放两遍音频，教师带领幼儿边做肢体动作，边复习歌曲《一只哈巴狗》。

## 二、听听玩玩，尝试游戏

### （一）游戏玩法一

让幼儿熟悉游戏规则，知道听到狗吠信号音时要在"肉骨头"前集合。

1. 引起兴趣。

提问：哈巴狗是怎么叫的？好像在说什么？

小结：教师扮演哈巴狗的妈妈，幼儿扮演狗宝宝，当教师发出"汪汪汪——"的声音时，鼓励幼儿猜想"汪汪汪"的含义，引导其猜出是在对狗宝宝说"汪汪汪，找骨头"，让幼儿上台找肉骨头，找到了以后，高兴地对肉骨头说"就是你就是你，啊呜啊呜真好吃"。（教师提前在草地背景板上粘贴足够数量的"小肉骨头"的图片）

2. 幼儿尝试进行游戏并了解游戏规则。

教师模仿狗吠信号音。

提问：大家听到了什么声音，哈巴狗找到肉骨头了吗？肉骨头在哪里？找到肉骨头以后，哈巴狗高兴地说什么？

教师带领幼儿完整地演唱歌曲，并配以肢体动作，然后开始找肉骨头，找到以后对肉骨头说："就是你就是你，啊呜啊呜真好吃。"

3. 幼儿进行多形式游戏——个别、小组、集体。

教师带领幼儿回到座位上休息，告诉大家夜晚到了，该睡觉了。睡醒以后，提问大家，在夜晚去花园里找肉骨头应该注意什么，引导幼儿明白夜晚找肉骨头应该悄悄的，避免发出声音，避免引得其他动物也来找肉骨头。

### （二）游戏玩法二

听辨强弱不同的狗吠信号音，寻找大小不同的"肉骨头"。

1. 听辨音乐信号的强弱。

（教师模仿狗吠信号音）提问：花园里可能来了一只怎么样的哈巴狗？它的叫声是怎

样的？

小结：如果来了一只叫声响亮、身体强壮的哈巴狗，它最喜欢大大的肉骨头。（教师边小结边在草地背景上粘贴"大肉骨头"的图片）

2.邀请个别幼儿再次尝试游戏。

（教师模仿强弱不同的狗吠信号音）提问：哈巴狗的叫声一样吗？它们分别喜欢怎样的肉骨头？

小结：不同的哈巴狗喜欢的肉骨头也不相同，听到"汪汪汪"（弱）表示要找小肉骨头，听到"汪汪汪汪汪汪"（强）则表示要找大肉骨头。

3.集体游戏。

教师邀请幼儿上台，带领幼儿完整演唱歌曲，并发出口令"带肉骨头回家"，让幼儿分别来到草地背景板前，各自找到肉骨头，然后将其从背景板上取下。

教师在游戏中要提醒幼儿注意倾听信号，引导其了解只有听到教师发出的狗吠信号音后，才可以开始游戏，并按规则找到对应的"肉骨头"图片。

**想一想**

1.在听辨强弱不同的狗吠信号音时，教师选取音乐应该注意什么？

2.在找肉骨头的过程中，有的狗狗速度快，有的狗狗速度慢，教师应该如何处理？

## 游戏反思

音乐是一门听觉艺术，本游戏的玩法是让幼儿听辨两种强弱不同的狗吠信号音，然后再让他们找出与之大小对应的"肉骨头"。在活动中，教师通过创设哈巴狗找肉骨头的情景，与幼儿共同置身于情景之中，以"情"促"行"，引导幼儿用耳朵去听辨信号。

图2 听辨强弱

幼儿通过听信号的变化,听出了不同的哈巴狗的形象,发展了想象力。

总的来说,本游戏不但培养了幼儿听的习惯,发展了他们听的能力,而且激发了他们参与听辨游戏的主动性和自信,同时让幼儿的耳朵越来越敏锐,头脑越来越聪明,为今后的学习奠定基础。借用曹冰洁老师的一句话,"耳聪目明"的孩子不就是更为灵巧吗?

附歌曲

# 一只哈巴狗

儿童歌曲

| 1 1 | 1 2 | 3 | － | 3 3 | 3 4 | 5 | － |
|---|---|---|---|---|---|---|---|
| 一 只 | 哈 巴 | 狗 | | 站 在 | 大 门 | 口 | |

| 6 6 | 5 4 | 3 | － | 5 5 | 2 3 | 1 | － |
|---|---|---|---|---|---|---|---|
| 眼 睛 | 黑 黝 | 黝 | | 想 吃 | 肉 骨 | 头 | |

扫一扫,获取现场
活动视频

# 小牛和小马（中班）

## 宋 燕

## 游戏背景

我为音乐游戏"小牛和小马"选择了两段音乐：其一为巧虎童谣《小马和小牛》；其二是《西班牙斗牛舞曲》。

在活动设计中，我也在思考：如何改变传统的"死教"方式，即改变以往舞蹈教学活动中反复练习动作、机械性教学的情况；如何在音乐游戏中促进幼儿综合素养的发展等问题。我通过音乐游戏的方式将视觉、听觉、动觉相结合，鼓励幼儿用动作表现小牛和小马，体验音乐节奏的速度、力度、时值等变化。

在活动中，我力图凸显幼儿在学习中的主体性，让他们自己创编小牛和小马的造型动作。整个活动分为三个部分：第一部分是我喜欢的动物，第二部分的重点是和小牛玩游戏（斗小牛），第三部分是加入小马的角色，增加游戏的难度，引导幼儿听辨两种不同风格的音乐，做律动并玩游戏，同时又要注意倾听教师的指令语。

## 游戏目标

1. 感受音乐欢快的节奏，听音乐和教师的指令玩"小牛和小马"的游戏，尝试摆各种小牛、小马的造型。

2. 喜欢和同伴共同表现小牛、小马的各种动态，感受音乐游戏的乐趣。

## 游戏准备

《小马和小牛》、《西班牙斗牛舞曲》、《你最牛》的音乐，PPT"小牛和小马"，红布一块，响板、牛铃。

图1　小牛

## 游戏过程

### 一、我喜爱的动物

提问：大家去过动物园吗？在动物园都见过什么动物？你最喜欢什么动物？它长得怎么样，请你用小手学一学。（引导幼儿用肢体动作表现喜爱的动物形象）

大家说的都是凶猛的动物，我们来看看绿色的草原上会有什么动物。

### 二、小牛的故事

1. 根据简笔画发挥想象，猜猜是哪个动物朋友来草原上作客。

（1）教师逐渐展示小牛的简笔画，让幼儿自由讨论。

（2）教师："哞——哞——是谁在大声叫？原来是小牛在唱歌。"

2. 引导幼儿模仿小牛的叫声和动作，鼓励幼儿摆出不同的牛的造型。

（1）教师用肢体动作表现牛的形象，给幼儿做示范，提示幼儿可使用不同的动作来表现牛，如将两根手指放在头顶，三根手指放在头顶等，并带领幼儿集体学牛叫。

（2）邀请个别幼儿上台模仿牛的叫声和动作，并让其定格自己的动作，然后让台下的幼儿猜测他扮演的牛在做什么、想什么。

（3）让所有的幼儿依次起立，分别定格自己模仿的小牛动作，教师从左到右，依次与幼儿击掌，并加以点评，如：哦，这是一头时尚牛，这头牛在练功等。

### 三、斗小牛

（1）教师拿出一块红布，播放《西班牙斗牛舞曲》，并邀请一位幼儿上台，示范用牛角顶红布的方法。教师提醒幼儿在钻过红布时学小牛叫,并模仿小牛的动作。

（2）教师播放音乐,随机说出台下某个扮演小牛的幼儿的衣帽特征,如穿黄色衣服、戴眼镜的小牛,然后挥动红布。当红布展开定格时,教师请符合衣貌特征的幼儿模仿小牛,一边学牛叫,一边用牛角顶过红布,然后定格,摆个小牛的动作。教师点评小牛的动作。

图2　斗小牛

（3）重新开始游戏。教师说出某一类小牛的特征,请符合该特征的小牛到台上来,钻过红布。例如:大眼睛的牛,请你钻进来;帅帅的小牛,请你钻进来等。

规 则

幼儿听教师讲出小牛的特征,然后走上台,扮演小牛钻过红布,摆出小牛的动作并定格动作,如果动的话,小牛就输了。

## 四、小牛和小马一起玩

1. 律动:小牛和小马。

教师播放音乐,用肢体动作示范小马跑动的样子,并向幼儿提问:除了小牛来了,还有谁来了呢?听听音乐,跳跳"小牛和小马"的律动。

2. "小牛和小马"做游戏。

幼儿听到小牛和小马的律动音乐时,在场地中间跳舞;当教师拿出红布块并且播放游戏音乐时,幼儿马上坐回座位。

3. 乐器和我们一起玩。

（1）教师:老师这里有两种乐器,它们是响板和牛铃;听听乐器的声音,你觉得哪种乐器更适合表现小牛或小马?（响板代表小马,牛铃代表小牛）

（2）幼儿听教师发出的指令和小乐器的声音做出相匹配的动作,如教师播放音乐,并发出指令"穿马甲的,请你顶过来",同时敲响牛铃。幼儿要注意听辨乐器的声音,然后做出小牛的动作,并钻过红布。

（3）教师播放音乐歌曲《你最牛》,带领幼儿跳舞,结束游戏。

**想一想**

1. 在本游戏中,教师是如何引导幼儿创造出各种各样的小牛造型的?

2. 在幼儿做出不同的小牛造型时,教师是如何进行反馈的?

## 游戏反思

在"小牛和小马"的活动中,我引导幼儿主动参与,并进行探索性学习,让幼儿在师生交往互动的活动中游戏。

### 一、在音乐游戏中相互分享

通过交流小牛和小马的形象特征,实现师生之间的互动,即相互沟通、相互影响和相互补充,从而达到共识、共享、共进。教师让幼儿发挥想象创编出各种小牛的动作,通过师生互学、互教,形成一个真正的"学习共同体"。

比如,在幼儿观察PPT时,教师帮助幼儿加深对小牛的印象,如"小牛长得怎样? 小牛角是怎么翘起来的? 你们试试"。教师挖掘幼儿所做的各种牛角动作,然后处于和他们同等的角度说:"我也向你们学一学,有这样的拇指和小指竖起来的,也有这样的食指单个翘一翘的……"教师加强语言引导,从而激发出幼儿对于小牛动作的扩散性思维。此外,教师结合念儿歌的方式来指导幼儿掌握动作的变化:"小牛竖起小犄角,这里翘翘,那边竖一竖。"在这样的交流分享中帮助幼儿提高主动学习的能力。

### 二、在角色转换中成为幼儿的玩伴

在"小牛和小马"的游戏中,师生的互动是平等的。教师一会儿变成小牛,一会又成为小马,一会儿又变成小朋友,通过角

图3 小牛造型

色的转换推动幼儿的发展。幼儿感觉教师是在和他们一起玩,此时教师也自然而然地成为了平等中的首席。

在游戏活动中,师生并不是无谓地牺牲和耗费时间和精力,而是进行生命活动。教师与幼儿投入地玩,沉浸在欢乐的游戏中,这让幼儿发展了,教师成长了,同时也是教师专业成长和自我实现的过程。

扫一扫,获取现场
活动视频

# 音乐游戏分享（小班）

## 宋 燕

## 音乐游戏一：一起做操

### 游戏目标

1.通过创编"做操"的动作,培养幼儿的自信心以及大胆表现的能力。

2.引导幼儿听辨音乐信号,并用相关动作加以表现。

### 游戏过程

图1 "太阳"和"小花"

1. 教师展示幼儿制作的"太阳"和"小花",并将其粘贴在背景墙上,带领大家朗诵《一起做操》歌曲的歌词。

2. 教师播放音乐《一起做操》,同时手拿图片进行展示。幼儿注意观察教师手中的图片,跟随音乐唱出对应的歌词。如当教师举起"太阳"的时候,幼儿要唱"太阳高照"等。

3. 教师根据歌词创编相匹配的动作,如歌词"太阳高照"对应手臂伸直、手掌摇摆,"花儿在笑"对应另一只手捧着脸颊,"跟我做操"、"还蹦蹦跳"对应双手叉腰并蹦蹦跳的动作。（教师可以变化蹦蹦跳的速度）

4. 教师带头演唱歌曲"太阳高照,花儿在笑。跟我做操,还蹦蹦跳",教师唱一句,幼儿跟唱一句,并做出相应的身体动作。

5. 教师带头演唱歌曲,并用相应的身体动作来表现歌词内容。教师可以自行创编歌曲中的做操动作,一个8拍或两个8拍都可以。当唱到"还蹦蹦跳"时,跳到一位幼儿面前,由这位幼儿上台继续接力演唱歌曲,并创编做操动作,以此类推。

## 规 则

游戏开始,一位领操的幼儿带领大家跟着音乐一起做动作,听到歌中唱到"还蹦蹦跳"时,领操的幼儿跳到另一位幼儿面前,同其交换位置,此时新的领操者带领大家跟着音乐节奏一边喊口令,一边做操。歌曲重复时,游戏重新开始。

# 音乐游戏二"铃和鼓"

## 游 戏 目 标

尝试区分乐器铃鼓中"铃"和"鼓"的音色,能够听出两种不同音色做动作。

## 游 戏 过 程

### 一、认识铃鼓

1. 提问:这是什么乐器?铃鼓有哪几种声音?(咚、叮)

2. 让幼儿在听到教师敲鼓面时说出"鼓",听到教师摇铃时说"铃",教师有节奏地摇铃并且敲鼓,幼儿做出相应反应。

3. 引导幼儿用"咚"和"叮"代替"鼓"和"铃",在听到教师敲鼓面时说出"咚",听到教

图2　辨别"铃声"和"鼓声"

师摇铃时说"叮",教师有节奏地摇铃并且敲鼓,幼儿做出相应反应。

4. 引导幼儿在听到教师敲鼓面时跺脚,听到教师摇铃时拍手。

## 二、中间游戏：找春天

1. 将幼儿找到的春天图片或者制作的春天图片贴在展示板上，同时教师摇动铃鼓，幼儿听到教师摇铃鼓时在台上随意走动，听到教师拍铃鼓的声音时停下，并摆出一个他找到的春天的动物或植物的造型，如花朵、柳条、小乌龟等。

2. 增加怪兽的角色。幼儿听到教师摇铃鼓的声音时可随意走动，听到拍铃鼓的声音时停下摆一个动物造型并保持不动。教师扮演怪兽，演唱怪兽找动物的歌，同时寻找是否有动的动物。如果哪个动物动了就算输了。（注意敲铃鼓的正确方法）

**规则**

听着乐器指令做动作，做错的幼儿将回到座位上。

# 音乐游戏三："小熊嘟嘟"

## 游戏目标

1. 能够跟着音乐模仿小熊做各种动作。
2. 喜欢听着音乐做律动游戏。

## 游戏过程

### 一、小熊自我介绍

教师："我叫小熊，小朋友们大家好！我要跳个小熊舞，一只小熊跳太孤单了，你们和我一起跳吧！"

### 二、小熊跳舞

1. 教师拿着小熊玩偶，随着音乐通过摆动小熊的身体来跳舞，幼儿模仿小熊做动作。（如点头、拍手、摆

图3　小熊跳舞

手等动作)

2.请一名幼儿也来尝试扮演小熊,演示小熊跳舞的动作。

## 三、小熊做客

教师摇动铃鼓,幼儿听铃鼓的声音依次传递小熊,如听到小鼓的声音传递小熊,听到铃的声音变换小熊的传递方向。

---

**规 则**

1.根据小熊的动作变化自己的动作。

2.根据音乐指令变化小熊传递的方向。

---

**想 一 想**

1."一起做操"这个游戏容易操作的原因是什么?

2."铃和鼓"游戏中,教师在摇动和击打铃鼓时,为什么要转过身去背对幼儿?

3."小熊嘟嘟"的游戏中,变化音乐的速度和类型对幼儿来说有什么意义?

扫一扫,获取现场
活动视频

# hi-lan-dey（大班）

### 戚竞元

## 游戏背景

通过秋游，孩子们体验到了秋天郊游的欢乐气氛。《玛丽》这首歌曲曲风欢快，讲述了小女孩玛丽上山坡玩耍的经历，将孩子们带入了玛丽的郊游旅程。从选材的角度上说，歌曲最特别的地方在于"hi-lan-dey"这个重复词汇，它对于孩子来说是抽象的、未知的，更能激发孩子的猜想，从而创编出各种不同的动作。从音乐游戏的结构上说，我利用层层递进式的倾听，结合小组对抗的形式，使游戏更具有层次性、挑战性、竞争性，给予幼儿更大的空间，帮助他们大胆表现不同节奏的动作。

歌曲《玛丽》于2003年引进中国并被翻译成中文版本，现已被全世界翻译成十几种文字。这首歌曲由牙买加的狄客史密斯先生编写，是一首极具海岛风格的千里达民谣。在打击乐器马林巴"叮叮咚咚"的声响中，我们仿佛来到了椰林沙滩。

## 游戏目标

1. 在幼儿熟悉歌曲的基础上，尝试为"hi-lan-dey"这句歌词创编不同节奏的动作。
2. 以合作的方式进行游戏，体验与同伴合作的快乐。

## 游戏准备

1. 音乐：《玛丽》。
2. PPT空白手工纸若干、题卡3张、香蕉积分表格若干、一串香蕉。

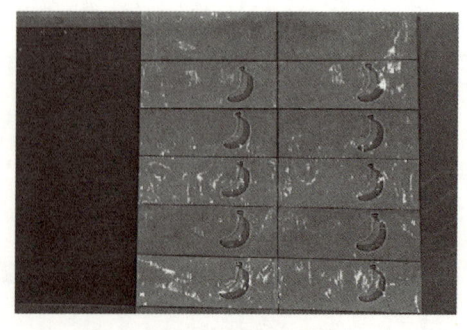

图1　比赛记分板

## 一、熟悉歌曲旋律

1. 看图片,说故事。

教师:今天我给大家带来一首歌曲,歌曲的主人公是这个可爱的女孩,她的名字叫玛丽。玛丽会发生什么有趣的事情呢? 让我们一起来听听看。(播放歌曲《玛丽》,让幼儿初步熟悉歌曲的旋律)

2. 听歌曲,找重复句。

教师提问:你们都听清楚了吗? 有没有听到重复了很多遍,但又没有听懂的歌词呢? (带领大家第二遍听《玛丽》)

3. 听歌曲,猜"hi-lan-dey"的含义。

教师:你们觉得这个hi-lan-dey会是什么意思呢? 请你们在听到hi-lan-dey的时候,用一个动作把你猜想的意思表现出来。(带领大家第三遍听《玛丽》)

## 二、创编hi-lan-dey动作

1. 猜想"hi-lan-dey"的含义,用简图记录动作。

教师带领大家跟着音乐为"hi-lan-dey"创编动作,并邀请几名幼儿上台表现自己的动作,然后猜一猜这个动作是什么意思,并在手工纸上画出动作的简笔画,贴在展板上。(教师清唱歌曲《玛丽》)然后请所有幼儿起立,跟随歌曲集体做"hi-lan-dey"的动作,教师对幼儿做出的动作进行点评。

2. 继续创编第二个动作。

教师:刚才我们在唱"hi-lan-dey"的时候,加入了一个动作,那你能不能再加入另一个动作呢? (第四遍听《玛丽》)

教师进行示范,在唱到"hi-lan-dey"时做出两个动作组合形成的动作,如在做花朵动作的同时,抬起一只脚。然后请幼儿集体跟随歌曲表现这个组合动作。

3. 分享创编的动作,并用简图记录动作。

教师:你刚才加了一个什么动作? 邀请幼儿上台画出自己创编的动作,然后带领大家一

起表现该动作。(教师清唱歌曲,幼儿表演动作)

4. 继续创编第三个动作,并用简图记录动作。

教师:看来这一切都难不倒你们啊,还能再往里面加动作吗?你想再往里面加一个什么动作?能不能加第三个动作?请你把这三个动作连起来试一试,大家一起来学一学。

(第五遍听《玛丽》)教师根据幼儿的发言,在手工纸上画出他们创编的第三个动作,然后从简笔画中自由选择三个动作,带领幼儿集体来完成这三个动作的组合表演。

## 三、分组比赛

1. 自选题卡,商量并挑战不同动作。

规则:6位幼儿一组,抽签决定比赛的动作。("1□、2□、3□"分别代表一个动作、两个动作、三个动作)

第一轮比赛为题卡1□,教师随机抽取一张动作简图,每组推选一名幼儿上台比赛,听歌曲完成动作。(动作完全正确组,获得香蕉积分1分)

第二轮比赛为题卡2□,随机派一名幼儿抽取两张动作简图,每组推选两名幼儿上台比赛,每名幼儿需要听歌曲完成这两个动作。(动作完全正确组,获得香蕉积分2分)

第三轮比赛为题卡3□,各组派一名幼儿抽取三张动作简图,每组推选三名幼儿上台PK,每名幼儿需要听歌曲完成这三个动作。(动作完全正确组,获得香蕉积分3分)

2. 尝试挑战分段动作。

每组派三名幼儿上台完成第三轮比赛中的三个动作,但是每个动作仅由一名幼儿完成,即分工合作,且三个动作要分别对应"hi-lan-dey"三个音节。(动作完全正确组,获得香蕉积分3分)

---

规 则

1. 听歌曲的同时,熟悉旋律,找出重复句"hi-lan-dey"。

2. 猜想"hi-lan-dey"的含义,并创编动作。

3. 为"hi-lan-dey"创编3个不同的动作,分别对应"hi"、"lan"、"dey"三个音。

4. 两组进行PK,获胜组分享玛丽摘来的香蕉。

---

**想一想**

1. 关于教师对"hi-lan-dey"这句歌词的剖析，你怎么看？你有更好的建议吗？

2. 教师在和幼儿进行互动时，应该注意什么？

### 游戏反思

这个音乐游戏因有趣的故事情节、轻松诙谐的曲风而深受幼儿喜欢，歌曲中重复最多的歌词"hi-lan-dey"也引起了幼儿极大的兴趣，从而使他们更乐于大胆表达和表现歌词的意思。

由于音乐游戏应当是欢快的、活泼的，因此在构思整个游戏活动时，我做了一些调整，即去掉了一些条条框框的部分，如：把图谱中的节奏呈现全部去

图2 解读歌曲

除，从而让幼儿完全融入到有趣的音乐故事情节中，乐意大胆表达和表现。此外，我在PPT中加入了一个生动有趣的动画，帮助幼儿理解歌词的含义。

本活动仍然有需要改进的地方，尤其是在教具的呈现和素材的提供方面。例如：图谱九宫格与题卡对应的呈现方向须一致，这样更符合幼儿的思维方式；提供给幼儿的手工纸需要塑封，使其拿取更为方便等，这样能够使整个游戏环节更加顺畅、连贯。

附歌词：

### 玛　丽

玛丽来到山坡hi-lan-dey，她要去采那香蕉hi-lan-dey！

玛丽站到高处hi-lan-dey，她找到好多香蕉hi-lan-dey！

玛丽不小心就hi-lan-dey，她掉了一些香蕉hi-lan-dey！

玛丽弯下腰去hi-lan-dey，她捡起那些香蕉hi-lan-dey！

玛丽剥开香蕉hi-lan-dey，她吃掉那些香蕉hi-lan-dey！

玛丽还要再来hi-lan-dey，

她爱吃那些香蕉好甜好甜哦，她爱吃那些香蕉嗯哼，她爱吃那些香蕉hi-lan-dey！

扫一扫，获取现场
活动视频

一、一只哈巴狗（小班）

（一）说素材

该游戏活动主要是围绕"力度"这一音乐元素展开的。但由于活动中的音乐素材（两种犬吠声）在强弱对比上的差异性不够凸显，而越小的幼儿对音乐的强弱越不敏感，因此，我建议教师在这方面进行调整，以促进幼儿听辨能力的提高。另外，该游戏中，我们还可以从节奏方面着手来让幼儿区分大狗和小狗，如"汪汪汪汪汪"和"汪——汪——汪——汪"来引导幼儿注意倾听。

（二）说情境

这个游戏为幼儿创设了一个童话剧的情境，且整个游戏都在情境当中进行。剧情由狗妈妈带领狗宝宝寻找肉骨头展开，层次非常清楚。另外，场景有布满大小骨头的花园，时间节点有白天和黑夜。正是因为教师有目的性地进行情境创设，所以幼儿和教师与情境融合得非常融洽。此外，教师通过情境化的语言引导幼儿在花园场景中一次次地完成听辨任务，也是符合小班幼儿年龄特点的。

（三）说环节

本次游戏的层次架构是建立在幼儿的学习特点之上的，教师为他们搭建了听辨的平台。

层次一：听信号找骨头。教师的规则很清楚，即听狗吠声找肉骨头，所以幼儿的行为习惯也非常好，没有拥抢，大家都是慢慢的、轻轻的，这与教师前置的要求交代密不可分。在找肉骨头的过程中，肯定有的狗速度快，有的狗速度慢。为解决这一问题，教师设置了快快的狗可以等慢慢的狗的规则，教师同时也微妙地利用语言节奏"就是你就是你，啊呜啊呜真好吃"为听辨表现较慢的幼儿延长了完成任务的时间。当幼儿未能立即判断出骨头方向并作出正确反应时，教师主动引导："妈妈带你去。"这也是对听辨能力发展较慢的幼儿的支持与鼓励。

层次二：听辨信号强弱找骨头。当幼儿建立了"听信号找骨头"的规则意识后，他们就很自然地参与到了强弱信号的听辨活动中。该活动其实还少了一个环节，也是对幼儿的挑战，就是大小骨头场景的变换。因为当骨头以大和小的分类方式进行集中摆放时，幼儿的听辨反应可能是随大流的、无意识的从众行为，他们不理解音乐的强弱，所以会跟随能力强的幼儿做出选择,直到再一次游戏时,他们才会去听辨。所以,如果教师能打乱原有的场景,将大小骨头无序摆放,幼儿有意注意的发展也许就会被推向一个新的高度。同时,当教师引导幼儿听辨信号的强弱时,建议将强的信号置前,这样幼儿对信号的敏感度会更强。如果幼儿还是找错肉骨头,教师可以为其搭个台阶,如让幼儿听一听、学一学狗吠的声音,引导幼儿从无意的倾听变成有意的倾听。

（四）说语言

教师的语言要精炼,特别对小班幼儿而言,教师的语言一定要简洁、具体、明确,过多的语言实则是对活动的干扰。教师前面在讲规则,后面在讲情境,这对幼儿来说,他们无法判断听到的语言到底是指向规则还是情境。我想,精简的语言组织更易于幼儿理解,这也是需要我们大家共勉的。

二、小牛和小马（中班）

该活动让人感触最深的是教师选的音乐很好,使其在游戏组织中游刃有余。教师自身的音乐素养较高,在活动中也特别会捕捉幼儿的言行,许多互动都是从幼儿中来,到幼儿中去。在本活动中,教师准备了4段音乐,这些音乐都非常有特点,通过不同音乐的播放,教师为幼儿营造了不同的情境——有辽阔的草原、激昂的斗牛比赛等。同时,这些音乐的音乐性很强,游戏的规则很清晰（教师把整个活动的规则都融在了提问中）,又用具有节奏型的语言反馈幼儿,在有条不紊中将活动的层次厘清。

教师的语言非常精炼且有特色,她擅于使用节奏型语言。同时教师的师生互动非常多,如游戏中小牛的造型都是由幼儿做出来的,但这些造型的意义是教师用语言赋予的,是在她和幼儿的互动中产生的,如游戏中出现的高高低低的小牛。在该活动中,教师眼中有幼儿,她让幼儿的动作由一个人的经验变成大家的经验。

整体来说,该游戏活动前面一部分的层次很清楚,教师将幼儿身上衣服的颜色、是否戴眼镜等信息都融入了游戏中。不过提个小小的建议,就是这个游戏的维度过多,有听音乐、做动作、敲乐器等,如果各位教师想要驾驭这个游戏,不妨可以将游戏环节分为几个教时推进,以满足自己班上幼儿的当下水平。同时,对中班幼儿而言,他们暂不能清楚地分辨公母,建议教师用妹妹牛、弟弟牛的指导语引导幼儿;而游戏中出现的大眼睛、小眼睛口令也不能让幼儿很清晰地进行对比与对应,因而出现了游戏中有的幼儿既不选择在大眼睛口令时出列,也不选择在小眼睛口令时出列的情况。因此,教师的游戏口令建议还是以衣物类为主,这样更稳妥,如穿蓝衣服、穿白裤子等,这样更能唤起幼儿的有意注意。

### 三、音乐游戏分享（小班）

**（一）一起做操**

该游戏用到的教具虽然不多（只有简单的三幅图片），但有很多的节奏型语言，更易让幼儿理解和记忆。游戏呈现出了足够的趣味性，且让幼儿在两三分钟内记住了动作。

同时这个游戏好玩的地方还在于，它其实是一个邀请舞，而且游戏是有变数的。因为幼儿不知道下一个上台的是谁，所以注意力会更集中，也会有点紧张，但经过多次练习以后，幼儿的动作得到了发展，如夸张的动作、大的动作。如果幼儿从小班就开始玩这个游戏，相信到了中大班，他们在音乐的感受、动作的表现及规则的遵守方面定能得到发展。

另外，刚开始做操的时候，动作并不长，但到后来越来越长，教师把音乐和动作结合得非常好。这个游戏容易操作的另一个原因是在固定的动作中进行创编，所以即使动作有点变动，对幼儿来说难度也不会太大。

**（二）铃和鼓**

这个游戏的音乐元素其实是听辨音色，当你面朝幼儿的时候，他们不会用耳朵去听你的声音，而是会先用眼睛去看，曹老师一直教导我们，音乐活动中"耳先于眼"的理念很重要。在"铃和鼓"的游戏中，幼儿需要听辨铃鼓的不同音色，作出不同的反应。宋老师的一个细节不知道大家有没有注意到，她手持铃鼓时是背对着大家的，这个动作就是对幼儿听辨能力的考验。试想，如果乐器声音的发出是直面幼儿的，他们一定会先用眼睛来看，他们作出的反应也是眼睛观察到的，并不是听到的。比如，当看到老师手在鼓面上时，就知道是鼓声，看到老师手在铃鼓侧面时，就知道是铃声。所以在组织类似的听辨游戏时，各位教师也要关注到这样的细节，要培养幼儿听的能力。

**（三）小熊嘟嘟**

小班幼儿的年龄特点是具体形象思维，所以他们对自己看得到、摸得着、听得清的东西比较能够产生共鸣，"小熊嘟嘟"游戏中出现的教具小熊就是最好的证明。

第一，幼儿会将我们身边随手可得的材料看作是"活"的、真实的，他们愿意在情感的驱动下跟着材料模仿和表现。因此，当小熊跳舞（如摆动手臂、点点头、跺跺脚等）时，他们也会快乐地一起表现。小熊道具本身就具有渲染力，再配合合适的音乐，便能更有效地推动幼儿对音乐的感悟、对动作的表达。第二，通过音乐的变化再一次增强了幼儿与小熊共同游戏的兴趣。幼儿听着音乐速度的变化而改变自己传递小熊的速度，听着信号的变化而改变传递小熊的方向，让他们真正地参与到了音乐游戏中。幼儿在游戏中倾听，在倾听中表现，在表现中发展。

四、hi-lan-dey（大班）

（一）对动作素材的思考

在活动中，教师对动作素材的思考与表达略显不足，原因可能在于对"hi-lan-dey"这句歌词的剖析还不够深入。如果在第一环节，教师能够引发幼儿对"hi-lan-dey"含义的思考，如"hi-lan-dey"表示"摔跤了"、"吃饱了"、"真高兴"等多元化的含义，那么与之匹配的动作素材一定会层出不穷。而丰富的动作素材又恰恰是后一环节的关键元素，因此，教师在组织第一环节时，一定要清楚、深入地解析歌词，即先收集动作，再组合表现。

（二）对情境融入的思考

教师对"hi-lan-dey"歌词不够敏感，可能是因为歌词脱离了歌曲所营造的情境。歌曲讲述的是一个姑娘喜欢吃香蕉、上山找香蕉、吃到香蕉的故事。那么每一句的"hi-lan-dey"一定蕴含着丰富的故事含义。在教师与幼儿互动的过程中，如果能将"hi-lan-dey"的动作融入情境，那么就能很快地凸显动作，而不会让这些动作显得太突兀。

（三）对互动参与的思考

幼儿的动作，幼儿记得住；幼儿的语言，幼儿懂。因此，在组织游戏活动时，我们要关注那些源自受众的信息，准确拿捏，方能体现他们在游戏中的主体性。教师在用动作进行"hi-lan-dey"含义的表现时，幼儿并不只是单纯的观摩者，他们也是这个游戏组织过程中的重要部分，因此我们倡导他们和台上的教师共同互动，用唱的方式把故事说出来。

（四）对游戏层次的思考

教师能很好地认识到大班幼儿的年龄特点，组织了分组比赛的环节，不但能够激发大班幼儿持续参与游戏的积极性，而且提升了幼儿在"hi-lan-dey"动作表现上的层次，由一人一个动作向三个人三个动作的表现推进。

如果是我设计该游戏，我可能会稍作调整，即要求幼儿围成一个圆圈，分出圈头和圈尾，再进行"hi-lan-dey"动作接龙的表现。当有人出现失误时，就必须从圈内脱离出来，归位到圈尾。此时整个游戏的多变性增强，每个幼儿看似有固定的动作，但又会因为同伴的失误而须做出变化，这样能增强幼儿的专注力及游戏的趣味性。同时，我们还可以变换音乐的速度，这对大班幼儿来说也是挑战，是他们怎么也玩不厌游戏的基础与前提。

# 幼儿园音乐游戏活动中音乐选择的案例分享
## 宋 燕

音乐用它特有的方式——"音符"诉说心语,它是我们人生中不可或缺的一部分。音乐能陶冶人的情操,表达人们内心的情感;鼓励人奋发进取,调动人的情绪,也能让人宣泄情感。生活离不开音乐,音乐来源于生活,人生不可没有音乐,教育更需要音乐。

在幼儿园中,教师会根据幼儿的年龄特点,运用音乐来设计音乐游戏,通过音乐游戏的方式,引导幼儿在听听、唱唱、动动、玩玩的过程中,激发他们对音乐的兴趣,让幼儿在音乐指令的引领下愉快而自由地游戏,并且获得积极愉快的情感体验和享受,同时掌握一定的知识和技能。在音乐游戏中,不知不觉渗透常规教育和审美教育。

音乐游戏是开展音乐活动常用的形式,它是在音乐的伴随下进行的一种有规则的、以发展幼儿音乐能力为主要目标的游戏,音乐游戏对幼儿的发展能产生积极的作用。

## 一、问题的提出

诸多教师认为,音乐游戏是音乐教学活动中的一个很好的方式,于是试图自己设计音乐游戏。但是遇到的最大难题就是音乐的选择,即如何运用合适的音乐开展音乐游戏。

## 二、幼儿园音乐游戏中音乐的选择

### （一）音乐的分类

音乐按表现形式可以分为声乐和器乐两大类型,按表现风格可以分为古典音乐、流行音乐、民族音乐、乡村音乐、原生态音乐等;按年龄段划分,可以分为成人音乐和儿童音乐,按音乐的历史发展分,还可分为东方音乐和西方音乐。在艺术类型中,音乐是比较抽象的艺术。

音乐是音乐游戏的重要组成部分,同时它也是音乐游戏的灵魂,音乐的好坏直接影响音乐游戏的质量,以及幼儿参与游戏的积极性。不是所有的音乐都是适合幼儿的,也不是所有的幼儿音乐都可以用来开展音乐游戏。

### （二）幼儿音乐游戏中音乐的特点

幼儿音乐游戏中的音乐需具备以下六个特点：

1. 好听且是幼儿喜欢的。

幼儿音乐游戏的操作对象是幼儿，因此，简单、好听、易于理解是我们在选择音乐时首先需要考虑的。那么，什么样的音乐才是好听的呢？我们成人喜欢的音乐并不一定就是幼儿喜欢的，而幼儿会告诉我们他们喜欢什么音乐。

（1）旋律优美的或纯真可爱的音乐。比如在我的班级中，有这样一个孩子君君，他的外公是导演，因此他在音乐上也遗传了外公的艺术天赋。他特别喜欢音乐，在幼儿园即将毕业的时候，他自编了一首名为"难忘的幼儿园"的诗歌，在朗诵之前还特意挑选了一首背景音乐。背景音乐的名字是《小星星》。这首《小星星》，改编自欧洲古老的民谣，以此版本发展出了许多首变奏曲，如铃木镇一的《闪烁的小星星变奏曲》、莫扎特的《小星星变奏曲》、蔡家豪的《小星星变奏曲》等。全曲纯真、可爱，好似以一个小孩子的口气在说话，令人感动。

在我夸奖君君选择的背景音乐真好听之后，他又给我推荐了一首歌曲《萝卜不怕》，并对我说："这首歌曲很快乐，以后当宋老师遇上不开心的事的时候，听听这首歌，就会很开心了。"我听了以后，发现这首歌与《小星星》表达的情绪截然不同，是一首欢快的、充满正能量的、很激进的歌。

通过分析这两段音乐可以发现，《小星星》是作为背景音乐使用的，为诗歌朗诵渲染了情绪。《萝卜不怕》的歌词便于理解，易于幼儿进行动作表现，因此可以开展歌曲表演游戏。通过君君选择的音乐，我们可以看出大部分幼儿喜欢的音乐是怎样的。不过，并不是所有幼儿喜欢的音乐都能作为音乐游戏的音乐的。

▲ 音乐游戏：幸福的孩子爱唱歌（大班）音乐：《幸福的孩子爱唱歌》

▲ 音乐游戏：名字小火车（小班或是新中班）音乐：《数星星》

▲ 音乐游戏：传递节奏（大班）音乐：《We will rock you》，词曲：布赖恩·梅

（2）与幼儿认知水平和兴趣相关的音乐。幼儿特别喜欢一些与他们相关的歌，比如与幼儿名字、身体部位、衣服和感觉有关的歌曲，以及与他们的生日或特殊节日相关的歌曲。还有一些歌曲是与幼儿切身相关的，如家人、喜欢的玩具、玩伴、周围发生的事情以及动植物等。这样来自于生活的音乐不仅满足了幼儿的兴趣，还能鼓励他们参与游戏。

例如音乐游戏"挥挥手打招呼"（小班）中的音乐《Hello song》，它是以幼儿名字为内容的歌曲。教师或幼儿以报名字打招呼的方式向同伴问好。由于歌曲中会报到幼儿的名字，

因此每位幼儿都会觉得自己是歌中的一份子,因此尤为喜欢参与这个游戏。

又如,音乐游戏"中秋节"(中班)。中秋节是中国的民俗节日,在节日当天"赏月"、"吃月饼"是传统的节日风俗。歌曲《中秋节》可帮助幼儿将过节的经验迁移至音乐游戏中,再结合民间游戏"炒黄豆",让幼儿感受节日团圆、欢乐的气氛。

(3)能够令幼儿感动的音乐。音乐能舒缓人的心情,还可以治疗心理疾病,能帮助我们度过本不能度过的难关。它具有一种精神力量,有时候能够帮助人宣泄情绪。因此,音乐如果能与幼儿的情感和情绪相合,就能够感动到他们。

比如音乐游戏"幸福的孩子爱唱歌"(大班)中的音乐《幸福的孩子爱唱歌》(佚名)。六月毕业季,大班幼儿即将告别快乐而温暖的大家庭,三年的幼儿园生活让幼儿难忘,也有不舍,幼儿将迈向一个新的台阶,他们是如此的幸福。歌曲《幸福的孩子爱唱歌》让幼儿体验到在广阔的天地中自由翱翔的感觉。音乐游戏"幸福的孩子爱唱歌"充分展现了幼儿的热情、自信和对未来幸福生活的向往。幼儿在音乐游戏中听乐句即兴创编动作,从而抒发情绪,或是以独自表现、小组合作的形式表演。

2. 节奏鲜明,结构方正。

幼儿在参加音乐游戏活动时是欢乐的,其情绪及身体各器官都处于放松、积极的状态。他们听着音乐开展歌唱类、乐器类、韵律类等音乐游戏。在游戏中,幼儿须了解游戏玩法、掌握游戏规则,而游戏音乐在其中起着至关重要的作用。

教师有时会按照本人的喜好,选择那些节奏感强、时尚的成人音乐,虽然它们极富动感,也很好听,但对于幼儿来说这些音乐太复杂了,不便他们理解。这样的音乐严重影响了幼儿参与游戏的积极性。幼儿一旦被动参与游戏,就根本谈不上快乐了。因此,过于复杂的音乐不适合幼儿,甚至成为活动的累赘,不易推动音乐游戏的开展。

▲ 音乐游戏:握手游戏(中班)音乐:奥尔夫《握手》

▲ 音乐游戏:黛娜(中班)音乐:《黛娜》

▲ 音乐游戏:节奏火车(大班)音乐:《卡苏》

3. 有动作性和游戏性,能为游戏提供准确的音乐形象。

有的音乐游戏需要调动幼儿身体的各个部位,需要幼儿动起来,有的也会有一定的主题、情境,这种形式的音乐游戏能增添游戏的情趣性。

比如音乐游戏"小矮人与大巨人"((小班)中的奥尔夫音乐)。由于该游戏中有小矮人和大巨人的角色,因此音乐要具备动作性和形象性。幼儿可以根据音乐指令,用动作表现变大和变小。

4. 曲调简单,多次重复。

简单重复的曲调,可以让幼儿更清晰地了解音乐的结构,便于参与游戏。在简单重复上,教师同样可以做文章,如改变乐曲的配器方法就会出现不同的角色;调整乐曲的速度,游戏就有层次了。

比如音乐游戏"走走跳跳"(大班)中的音乐《美国舞曲》。该乐曲具有外国民间舞蹈的风格,舞曲以"ABABAB"的结构方式呈现。幼儿也同样用"ABABAB"的结构动作做游戏,队形由小组横线队形变成散点,并重复此队形变化。音乐由慢速逐渐加快,幼儿的情绪也由稳定到越来越兴奋。

5. 旋律流畅轻柔,易于想象创造。

音乐能够帮助幼儿进入想象空间,让他们更松弛,以便他们释放自我,沉浸于游戏之中。此类音乐的节奏不是很明显,但曲调流畅,便于想象。在这样的音乐中游戏,幼儿身处遐想的空间,通过想象力产生出来的也是最美妙的作品。

比如音乐游戏"舞动的纱巾"(大班)中的音乐《Levent》(Rene Aubry)。在轻柔飘逸的纱巾道具、神秘的背景音乐、变化的音乐游戏形式的支持下,幼儿身体的各部位都被调动起来。音乐、幼儿、游戏赋予纱巾生命力,将纱巾的形状、人体参与操作后的动态变化与肢体动作相结合。

6. 健康向上,适宜幼儿发展。

不是每种音乐都能让幼儿受益的。在幼儿园进行音乐活动时,选择适合的音乐内容是非常重要和必要的。好的音乐能够充分发挥艺术的情感教育功能,促进幼儿健全人格的形成。可想而知,音乐教育对幼儿是多么必要和重要。

### (三)根据音乐游戏的种类选择适宜音乐

1. 音乐游戏的类别

音乐游戏可以划分为:听辨类音乐游戏、歌舞类音乐游戏、表演类音乐游戏等。不同类型的音乐游戏在选择音乐时,侧重点也有所不同。

2. 根据音乐游戏种类选择音乐

(1)听辨类音乐游戏音乐的选择。此类游戏比较侧重于对幼儿的音乐和声音的分辨、判断能力的培养,培养幼儿对音乐的高低、强弱、快慢、音色、乐句的分辨。因此在选择音乐时,"对比"两字尤为关键。对比的风格要鲜明,对比的音色要明显,对比的力度要凸显,对比的节奏要清晰。随着幼儿年龄的递增,对比度可逐渐降低,以提升听辨游戏的难度。

另外,音乐开始和结尾要较为明显,让教师和幼儿容易区别,能及时开始、改变和结束动作。此外,还要能使幼儿玩起来,这也是关键因素之一。

▲ 音乐游戏:挠痒痒(中班)音乐:《七步进阶》

▲ 音乐游戏:小小建筑师(大班)音乐:《粉刷匠》

(2)歌舞类音乐游戏音乐的选择。歌舞类音乐游戏是有规则的,需要幼儿在各种节奏的音乐的带动下,扭动身躯,翩翩起舞,放声歌唱,跟着节奏找感觉,在音乐中释放自己的能力。在培养幼儿通过歌声和肢体表达情绪情感的同时,也能满足幼儿玩的天性,使幼儿在唱唱跳跳中玩起来、乐起来。音乐游戏要有高潮,才能够使幼儿在心理上得到满足。

▲ 音乐游戏:小宝贝(大班)音乐:《小宝贝》

▲ 音乐游戏:一起去雪山(大班)音乐:《雪山的约定》

3.表演类音乐游戏音乐的选择

表演类音乐游戏指按照专门的设计、组织不同音乐来做动作或变化动作而进行的游戏。如故事情境表演类的音乐游戏。

▲ 音乐游戏:泡泡糖(小班)音乐:奥尔夫《泡泡糖》

比如音乐游戏“小蚂蚁”(大班)中的奥尔夫音乐《小小蚂蚁》。教师从绘本故事《小小蚂蚁》中挖掘音乐元素,设计具有有趣故事情节的音乐游戏。另外,歌曲《小小蚂蚁》也是有故事情节的。

又如音乐游戏“夏威夷”(大班)中的音乐《Andalucia》(Johannes Linstead)。音乐,是鼓动的旋律。音乐,是火热的激情。音乐,是旋转的舞步。

在音乐游戏中,音乐作为一个极好的中介,可以帮助幼儿更好地聆听。我们每位教师都应能选择好音乐,让音乐成为幼儿的玩伴,与幼儿一同玩音乐游戏。

**参考书目:**

1.曹冰洁.幼儿园音乐教学手册[M].上海:华东师范大学出版社,2011.

2.[美]琳达·卡罗尔·爱德华兹.音乐与律动[M].冯婉桢,等,译.北京:机械工业出版社,2015.

3.许卓娅.幼儿园音乐教育与活动设计[M].北京:高等教育出版社,2009.

# 蔬　菜　汤

1. 思考：曹冰洁老师创作的歌曲《蔬菜汤》中的买菜、洗菜和切菜等情境包含了怎样的音乐元素。

2. 操作：

（1）在设计游戏时，应该如何引导幼儿用动作表现情境，怎样在烧蔬菜汤的过程中带领幼儿感受和理解音乐的强弱、节奏等元素。

（2）如何设计煮汤的过程，使幼儿的生活经验和游戏相结合，并推进幼儿的经验积累。

# 浅谈音乐游戏的
# 设计要素

·导读

　　本讲主要探讨了音乐游戏的设计要素，即素材、音乐、玩法和规则，以此引导教师探索和思考：在日常教学中，如何发掘并利用身边的游戏素材，与幼儿进行有效的互动；如何选择合适的音乐，让幼儿学习并体会不同的歌唱形式，让他们在听辨音乐的过程中发挥想象力和创造力；如何设计游戏的玩法和规则，让幼儿在游戏中提高自身的听辨能力、反应能力等综合素质。

# 森林旅行记（小班）

### 徐 斐

## 游戏背景

### 一、活动灵感来自于孩子的兴趣热点

"老师，老师，我在这里。"小贝躲在玩具橱边，探出小脑袋和我挥挥小手。低年龄的幼儿特别喜欢玩"躲猫猫"的游戏，而且他们喜欢反复地玩。一会，"老师，老师，你在哪里呀？"稚嫩的声音又响起了。孩子们稚嫩的话语给了我活动设计的灵感。我思量着：我就和小朋友玩玩"捉迷藏"的游戏，用孩子们都熟悉的盘子玩躲猫猫，以充分发挥盘子的作用，并在此基础上借物想象，又拓展出"戴帽子"、"跳石子路"等游戏情节。我以"森林旅行"作为游戏情景，让幼儿玩不同的游戏，并感受音乐游戏的快乐。

### 二、活动价值基于孩子的发展

听辨是音乐活动的基础。在活动中，我引导幼儿有意识地用耳朵倾听，找到乐曲的重音，借助音乐游戏培养幼儿的倾听习惯。对小班初期的幼儿来说，倾听习惯的养成尤为重要。幼儿通过倾听，主动地参与到活动中来。一节有价值的音乐活动课，不仅仅要达成音乐教学的目标，幼儿习惯、能力的培养更为重要。在游戏活动中，通过幼儿与教师的互动，以及幼儿与游戏材料的互动，满足幼儿互动学习的方式和情感需求，在互动中推进幼儿的发展。

## 游戏目标

让幼儿在听听、做做、玩玩中，感受乐曲中的重音，体验与同伴共同游戏的快乐。

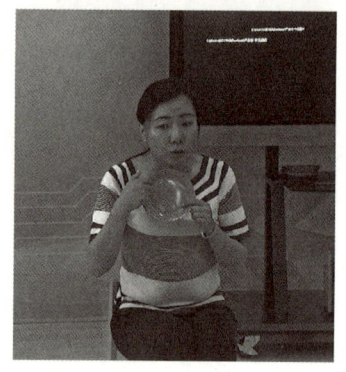

图1　纸盘子

## 游戏准备

1. 大灰狼头饰、一次性纸盘子。

2. 森林场景、《拨弦》音乐。

## 游戏过程

### 一、戴帽子

1. 教师创设一个森林场景,以吸引幼儿的注意力,并提问:今天,我们一起去森林里玩,可是外面太阳那么大,我们可以用什么来遮遮太阳呢?(提前给幼儿分发纸盘子,引导其用盘子代替太阳帽)我们一起戴着"太阳帽"去森林里玩吧!

2. 教师播放音乐,幼儿集体跟着教师初次感受音乐,即以跟随、模仿教师的动作为主,并在重音部分模仿教师用纸盘子做出戴帽子的动作。

3. 教师邀请个别幼儿上台,并跟随音乐表演戴帽子的动作。

### 二、捉迷藏

1. 教师提问:在森林里还有一只大灰狼,它想跟我们一起玩,可是这只大灰狼的眼睛不太好,我们应该怎么做才能不让它发现我们呢?

2. 教师根据幼儿的回答,引导大家把纸盘子当做面具,遮住脸,让大灰狼发现不了自己。

3. 教师提问:听听音乐,我们应该在什么时候躲在面具的后面?

4. 教师一开始带领幼儿一起跟随音乐玩游戏,并在重音处用纸盘子把脸遮起来。然后慢慢让幼儿自己听音乐,教师扮演大灰狼,幼儿扮演"躲"的人,听到音乐重音时用纸盘把自己的脸遮起来。

### 三、跳石子路

1. 教师提问:森林里有条石子路,我们要一起听着音乐过石子路,那么,听到什么样的音

乐要跳过小石子呢?

2.教师先做示范:将纸盘放在地上当作石子路,然后跟随音乐,围绕石子路转圈走动,在音乐的重音部分做出跳过纸盘的动作,表示通过石子路。教师提问幼儿,让其明白过石子路的规则,然后让所有的幼儿站起来,听音乐用身体的大动作表演过石子路的动作。

3.游戏规则:幼儿能听辨出音乐的重音,并在听到重音时做出"戴帽子"、"躲猫猫"、"跳石子"的动作。

**想一想**

1.在创设让幼儿在音乐的重音部分做出戴帽子的动作情境时,需要联系哪些现实情境?

2.本游戏为何选用《拨弦》音乐?

## 游戏反思

### 一、挖掘元素,突现音乐价值

音乐的审美感染力是需要通过我们对音乐要素的感知、理解来获得的。乐曲中反复出现的重音,是《拨弦》这首乐曲中一个非常鲜明的音乐元素。于是,游戏中的所有环节就都围绕重音来展开。通过充分倾听,幼儿能主动地寻找乐曲中的重音,以此使不同的游戏环节贯穿于活动始终。

图2　戴帽子

### 二、巧用玩具,营造情境氛围

音乐审美体验与生活体验是紧密相连的,幼儿需要在一定的情境氛围中联想和迁移。在活动中,我力求体现:融游戏于情境和趣味中。我借助一个小小的盘子,让其充当"帽子"、"面具"、"小石子",将幼儿带入不断变化的"遮太阳"、"捉迷藏"、"过石子路"的游戏情境中去,使得小班年龄段的幼儿饶有兴致地反复感受、体验,借助想象进入表现的情境,获得感受力的发展,同时体现了一物多用、低成本高效用的原则。

## 三、有效互动,注重情感共鸣

幼儿的音乐审美能力是在和教师一起体验音乐的过程中发展起来的。幼儿跟着教师跳进活动现场,一下子便感受到了乐曲轻快、诙谐的特征,同时乐曲也抓住了他们所有的注意力,让他们全神贯注地投入到活动中。我用夸张的动作展现自己对作品的理解,同时也将幼儿带入了充满感染力的音乐氛围中。虽然他们不知道什么是重音,但是戴帽子、戴面具、跳小石子的动作在提示幼儿——这里有个非常强烈的停顿。教师通过饶有兴趣的倾听、清晰准确的哼唱、语言的引导以及随着音乐变化的语气语调,让幼儿体会到音乐的变化,同时又不脱离游戏的情境,从而使幼儿能有效地与教师、同伴、音乐和教具进行互动。

扫一扫,获取现场
活动视频

# 印第安人躲猫猫（大班）

## 赵洁茹

### 游戏背景

歌唱是大多数孩子都比较喜欢的一种音乐形式，《3—6岁儿童学习与发展指南》指出，小班到大班的幼儿唱歌的典型特征表现为：从"模仿学唱短小歌曲"到"用自然的、音量适中的声音基本准确地唱歌"，到最终"能用基本准确的节奏和音调唱歌"。而对于大班的孩子来说，除了唱准歌曲以外，还可以尝试体验不同的演唱方式，例如：齐唱、领唱、分组唱等，而默唱这个内容也是大班孩子可以掌握的一种演唱方式。默唱就是不发出声音的演唱。默唱能培养孩子敏锐的内心听觉，因为默唱需要在无声中听音乐，在无声中唱旋律，所以可以培养孩子内在的音乐感。选择并改编《十个小印第安人》这首歌，是因为我觉得这首歌曲的歌词相对简单，不会增加幼儿默唱时的心理负担，同时又可以利用躲猫猫的游戏形式，让孩子在游戏中学习、体验默唱的方式。

### 游戏目标

1. 尝试用默唱的方法玩游戏，体验用不同方式进行默唱的快乐。

2. 在游戏中提高专注力及对音乐的控制能力。

### 游戏准备

1. 经验准备：幼儿会唱改编歌曲《十个小印第安人》。

2. 材料准备：歌曲音乐、游戏课件、乐器。

图1　印第安人躲猫猫

## 一、邀请小印第安人

1. 播放歌曲音乐,引发幼儿对歌曲的回忆,集体唱一唱歌曲。

2. 邀请小印第安人:听着伴奏演唱歌曲,唱完后做出一个邀请的动作。

3. 幼儿尝试邀请,教师关注:幼儿的邀请动作应不一样。

在幼儿有不同的邀请动作以后,教师出示十个小印第安人的图片,表示邀请到了印第安人。

## 二、闯关一:小印第安人躲猫猫

1. 教师播放课件,提出可以用小印第安人来玩捉迷藏的闯关游戏。

2. 和幼儿共同商量玩法:当小印第安人躲起来时,我们该怎样唱呢?

教师根据集体商量的结果进行玩法、规则的小结:唱到躲起来的印第安小矮人时就不唱。

3. 幼儿尝试游戏。

(1)藏起一个小印第安人(将要藏起来的印第安人的图片翻转过去)。

重点引导:用什么方法能很好地把看不见的小印第安人藏起来?

教师小结:嘴上虽然不唱,但是心里要唱。

(2)藏起两个小印第安人。

重点引导:眼睛要看着印第安人,不然就不知道哪个小印第安人藏起来了。

(3)可以根据幼儿的情况,加快音乐的速度进行游戏。

重点引导:听听音乐,有什么不一样?

教师小结:是呀,小印第安人越玩越高兴,越玩越起劲,连音乐也越来越快了。所以我们的耳朵要仔细听着音乐,跟着音乐唱。

## 三、闯关二:动作躲猫猫

1. 创设游戏情景:躲起来的小印第安人虽然没有声音,但是在后面做动作呢!

2. 集体讨论:小印第安人会做怎样的动作?(大家商量并统一动作为蹲下)

3.尝试游戏：

（1）从拿掉一个小印第安人开始练习,幼儿集体起立,跟随音乐唱歌,唱到藏起来的印第安人时,集体蹲下不唱,然后起立接着往下唱。尝试拿掉不相邻的两个小印第安人,并变换默唱动作,如将蹲下改为两手握拳、在胸前交叉,尝试进行游戏。

（2）接着拿掉相邻的两个小印第安人,最后拿掉处在音乐强拍上的小印第安人进行游戏。

## 四、闯关三：乐器躲猫猫

1.创设游戏情景：藏起来的小印第安人也想发出声音,我们用乐器来帮帮他们,好吗?（幼儿上台领取小铃,到座位上坐好）

2.讨论玩法：你们觉得应该怎样使用乐器呢?

3.小结玩法：唱到藏起来的小印第安人时,敲两下小铃,用乐器的声音表现小印第安人。

4.尝试游戏：教师改变音乐的速度,从慢速到快速,从藏起数量少的小印第安人到数量多的小印第安人。

- - - - - - - - - - - - - - - - - - - - - - - - - - - - - - - - - - - - - - - - - - - - - - -

规 则

1.唱到躲起来的小印第安人时,不能唱出声音来。

2.幼儿熟练以后可以再加入动作、乐器躲猫猫等游戏规则。

- - - - - - - - - - - - - - - - - - - - - - - - - - - - - - - - - - - - - - - - - - - - - - -

想 一 想

1.在选择躲起来的小印第安人时,需要注意什么?

2.教师是如何教会幼儿默唱的方法的?

游戏反思

这是一个旨在提高幼儿歌唱能力的游戏活动,希望通过让大班幼儿感受默唱的演唱方式,获得愉悦的情感体验,从而培养幼儿的内心听觉,提高幼儿内在的音乐感。反思整个活动,我感觉在以下几个方面,自己的设计处理是比较到位的。

## 一、将游戏和演唱方式巧妙结合,让幼儿在玩的过程中感受与体验

**图2 闯关设计**

游戏是幼儿喜欢的活动形式,这个"印第安人躲猫猫"的游戏就是利用了幼儿的年龄特点,借助大班幼儿喜欢的闯关游戏形式展开的。我将游戏和幼儿的歌唱活动结合在一起,让幼儿在一次次闯关、晋级、再成功、再晋级的过程中,感受默唱这种特殊的演唱方式。为了获得游戏的成功,幼儿积极思考有效的方法,体验获得成功的喜悦感。这样的设计非常巧妙,改变了幼儿学习唱歌时被动反复练习的局面,让歌唱活动在游戏中进行,从而提高了幼儿的积极性。

## 二、游戏环节设计得有层次,帮助幼儿获得成功

整个游戏环节的设计其实是游戏玩法的不断变化,而且这些变化是有层次的。一开始,幼儿只是用声音来玩躲猫猫,初步感受默唱的方式。接着,在幼儿基本掌握游戏规则的情况下,增加用动作玩躲猫猫的内容,引导幼儿在默唱的同时用动作加以表现。最后,进行的是乐器躲猫猫游戏,即幼儿在默唱的同时加入乐器的演奏。这三个游戏玩法是有递进关系的,每一个玩法都是在前一个玩法的基础上进行的。在游戏过程中,躲起来的印第安人虽然看似是随机的,但其实是精心设计的。数量上一开始是一个,而且是在其他印第安小矮人的中间;接着是分开的两个印第安小矮人,再接着是相邻的两个;最后是在音乐强拍上的一个,这样由易到难的过程,其实就是给幼儿搭建了一个阶梯,帮助其最终获得成功。另外,根据幼儿的情况逐渐加快演唱的速度,也是一个增加难度的环节。逐渐加快音乐的速度不仅可以提高幼儿的默唱能力,而且还增加了游戏的趣味性,让幼儿对游戏始终充满积极性。这些精心的设计保证了游戏的成功。

## 三、对默唱方法的小结源于幼儿,更凸显幼儿学习的主体地位

要让幼儿了解默唱的方法,体验成功感,关键就是对默唱方法进行有效梳理。在活动

中，我注意观察幼儿的演唱，从中发现幼儿的演唱方法，并通过提问："你是用什么方法让印第安小矮人躲起来的？"引导、鼓励幼儿将自己成功的方法表达出来，最终用幼儿的方法进行梳理，所以，我对方法的总结都来自于幼儿，凸显了幼儿在学习过程中的主体地位，同时更能激发幼儿学习的主动性，使幼儿参与游戏的积极性增强，体现了他们主动学习的过程。

附歌曲：

## 十个小印第安人（有改动）

欧美童谣

词曲佚名

1 = F  4/4

| 1 | 1 | 1 | 1 | 3 | 5 | 3 3 | 1 | 2 | 2 | 2 | 2 | 7̣ | 2 | 7̣ 7̣ | 5 |
|---|---|---|---|---|---|-----|---|---|---|---|---|---|---|-----|---|
| 一 | 个 | 二 | 个 | 三 | 个 | 小 矮 | 人， | 四 | 个 | 五 | 个 | 六 | 个 | 小 矮 | 人， |

| 1 | 1 | 1 | 1 | 3 | 5 | 3 3 | 1 | 5 | 4 | 3 3 | 2 | 1 | 1 | 1 | − |
|---|---|---|---|---|---|-----|---|---|---|-----|---|---|---|---|---|
| 七 | 个 | 八 | 个 | 九 | 个 | 小 矮 | 人 | 十 | 个 | 印 第 | 安 | 小 | 矮 | 人。 | |

扫一扫，获取现场
活动视频

# 变圈圈（大班）

## 徐 斐

## 游戏背景

### 一、游戏内容立足共同性课程，聚焦主题核心经验

本次活动取材于大班的主题活动"我自己"，聚焦主题目标，围绕子主题"身体真有用"的核心经验：了解身体各个部位都会活动，懂得活动能使我们的身体更灵活。我尝试用音乐游戏来设计此次活动。在乐曲《单簧管波尔卡》中，引导幼儿欣赏在音乐中做游戏的欢乐情景，并愿意和同伴一起做做玩玩，同时在音乐的旋律与节奏中激发幼儿对身体各部分的探究愿望。

### 二、游戏玩法立足幼儿发展规律，注重自主探索过程

活动紧扣一个"变"字，即游戏人数在变，圈圈大小在变，圈圈的组合方式在变。大班幼儿有着无穷的探究能力。幼儿在与同伴的互动中，在与自己身体各部位的组合中游戏着、思考着。游戏符合大班幼儿的年龄特点，使其能与同伴一起融入音乐中，体验将身体变成圈圈的快乐。

## 游戏目标

1. 能跟着音乐玩游戏，根据指令1人、2人、小组、集体变出大小圈圈。
2. 乐意听音乐玩变圈圈的游戏。

## 游戏准备

音乐《单簧管波尔卡》、红丝巾。

图1 红丝巾

## 一、熟悉音乐旋律,变大圈圈(音乐片段)

幼儿跟着音乐做踮趾小跑步的动作,教师用儿歌提示变成一个大圆圈——"我们一起变大圈",所有幼儿跟着音乐手拉手围成一个大圆圈。

## 二、听音乐,小组变圈圈(音乐片段)

1. 幼儿跟着音乐做踮趾小跑步的动作,教师用儿歌提示小组变成圆圈,"5人变成一个圈",5名幼儿一组围成一个圆圈。"3人变成一个圈",3名幼儿一组围成一个圆圈。

2. 幼儿注意听教师口令中的数字,玩变圈圈游戏。

## 三、听音乐,两人变圈圈(完整音乐)

幼儿两人一组,跟着音乐合作变圈圈,可以用身体的任何部位来变圆圈,但一定要是别人可以穿过的圈。引导幼儿注意听音乐,理解音乐有四句话,每组商量在每句话结束时变一个不同的圈,共变四次。每一组变圈圈的方法要和别组的伙伴不一样。教师跟着音乐从每组变成的圈圈中钻过。(幼儿生成从静止的圈圈到流动的圈圈)

## 四、听音乐,一人变圈圈,一人钻圈圈

两人一组,一位幼儿用自己身体的任意部位变圈圈,另一位幼儿手拿丝巾,穿过圈圈。请个别小组上来示范。两人再互换角色进行游戏。

## 五、听音乐,一人变许多圈圈

幼儿跟着音乐,用身体的各个部位变成多个大小圈圈,教师用红丝巾穿过大小圈圈。请两位幼儿和教师一起用丝巾穿过圈圈,比比看谁变的圈圈最多。

规则

1. 与同伴合作,变成不同人数组成的圈圈。

2. 两两合作,用不同的方法变成与同伴不同的圈圈。

3. 用身体的各个部位变成不同大小的圈圈。

想一想

　1. 为什么用身体的不同部位来变成圆圈,而不是选用道具?

　2. 在每句音乐结束时,变化出一个圈并让教师穿过,这样的设计合理吗?

 游戏反思

## 一、自主探索和有效预设相结合

　　在"变圈圈"音乐游戏中,我选用的主题音乐是一首节奏明快的《单簧管波尔卡》。

　　我将幼儿的自主探索和教师的有效预设相结合,既给幼儿探索的时间和空间,调动幼儿活动的积极性,同时也预设游戏环节,有效组织幼儿的游戏玩法。从跟着音乐一起变"大圈圈"到小组变圈、两人变圈、一人变圈,虽然人数在逐渐减少,但圈圈的数量却越来越多。幼儿在音乐中创想,在与同伴的合作中产生碰撞。在本次活动中,幼儿情绪愉悦,注意力集中,能遵守游戏规则。游戏既满足了幼儿主动探索的欲望,又让其在音乐游戏中提升了与同伴合作的能力,达到了预期的教学目标。

图2　讲解规则

## 二、主题经验与艺术创作相结合

　　大班幼儿正处于自我意识萌芽发展的飞跃期,对自己的身体充满了好奇,同时也在无意识地观察着自己及他人的身体,并发现其中的不同和变化。我巧妙地将音乐游戏和"我自己"的主题经验有机结合,尝试运用多种艺术创作方法,让幼儿用身体的各个部位变出不同的圈圈,并乐意和同伴一起进行合作。纵观整个音乐活动,幼儿的情绪一直是快乐的,他们快乐地倾听音乐、快乐地合作变圈圈,充分表现了快乐音乐的实质。

扫一扫,获取现场
活动视频

# 逛逛动物园（大班）

**赵洁茹**

## 游戏背景

《3—6岁儿童学习与发展指南》在艺术领域中列有"感受与欣赏"的目标，特别指出幼儿应该"喜欢欣赏多种多样的艺术形式和作品"。作为大班上学期的幼儿，能欣赏、辨别有一定特征的音乐形象，也是这一时期幼儿在音乐领域中可以获得的基本经验。因此我利用游戏这一幼儿喜爱的形式，通过创设"逛逛动物园"的情景，让幼儿在听辨"参观哪个动物场馆"的过程中，倾听各种"形象"不同的音乐，并在感受这些音乐的同时，将动物形象和音乐形象相连接，提高幼儿对音乐的感受力，同时也促进幼儿对音乐形象的想象。

## 游戏目标

1. 在"逛逛动物园"的游戏情境中，听辨代表动物形象的音乐，并能正确模仿该动物的动作。

2. 初步了解游戏的玩法和规则，在听辨音乐代表的动物形象、模仿动物形象的过程中体验游戏的快乐。

## 游戏准备

1. 经验准备：幼儿有听辨乐器音色的经验，熟悉各种动物的形象。

2. 材料准备：课件、各种动物形象的音乐、动物图片、1—4号的旅游车参观券。

图1　马和象

## 一、引出游戏情景

1. 教师出示动物园图片,提问:这是什么地方? 今天我们一起逛逛动物园。

2. 教师:动物园里哪几个场馆今天开放呢? 我们来听听音乐,猜一猜。

## 二、听听、猜猜、做做,感知代表各种动物形象的音乐

1. 教师逐段播放音乐,引导幼儿听辨、猜测分别对应什么动物场馆开放。

2. 教师提问:这段音乐是怎样的? 你觉得像哪一种动物?

3. 教师引导幼儿从动物的形象、走路的感觉来猜测。猜测成功后,带领大家跟随音乐,模仿相应的动物形象,如模仿大象走路等。

4. 教师小结:原来今天大象、袋鼠、小鸟和马这四个场馆对我们开放了。

## 三、尝试第一种玩法——参观一个动物馆,巩固幼儿对音乐形象的感知

1. 教师出示四张图片,摆放在四个不同的地方,以此代表四个场馆的参观券。然后介绍游戏玩法:我们先听着音乐开车,听到哪个动物场馆的音乐,我们就开车去领取这个动物场馆的参观券,成功领取参观券的小朋友可以下台休息一下,其他小朋友跟我们一起寻找参观券。另外找到参观券后,要做一做这个场馆里的动物的动作,记得一定要等音乐结束了再模仿动物的动作哦。

2. 尝试游戏。

听到什么动物的音乐就模仿相应动物的动作。

## 四、尝试第二种玩法——尝试辨别音乐的顺序

1. 介绍玩法:教师在两块展板上分别粘贴巴士的图片,代表1号车和2号车,幼儿四人一组,每位幼儿选择一种自己想要参观的动物,领取对应的参观券,根据播放的音乐顺序,依次

坐上旅游车。然后,教师播放音乐,幼儿听着音乐开车出发"参观",听到相应的动物音乐时,所有幼儿下车模仿该动物的动作,等音乐结束,摆出一个对应动物的标志动作或造型。接着音乐响起,继续开车参观。

 **规 则**

一定要等音乐都播放完才能坐上旅游车。

2.幼儿尝试游戏,听辨音乐形象的顺序,排队参观动物园。

## 五、听着音乐离开动物园

 **规 则**

1.听到什么音乐就模仿相应动物的动作。

2.必须听完完整的音乐再进行动作表现。

3.等音乐结束时,摆出一个对应动物的标志动作。

**想 一 想**

1.教师为什么没有直接告诉幼儿要参观什么动物场馆?

2.大象、袋鼠、小鸟以及马这四种动物形象以及音乐的选择有何特点?

 **游戏反思**

本次活动在"动物大世界"的主题中进行,是在幼儿对各种动物形象、特征包括习性等都比较熟悉了解的基础上开展的,这些基本的经验为音乐形象的听辨奠定了基础。幼儿在"逛逛动物园"的情境中展开听辨活动,不仅有愉悦的情感体验,也能在此过程中提高听辨能力。

## 一、借助游戏情境的设计，搭建了助推幼儿获得听辨经验的阶梯

图2　参观动物馆

我创设了"逛逛动物园"的游戏情境，用音乐形象来代表所要参观的动物场馆，并引导幼儿通过对音乐形象的听辨，模仿不同的动物，建立音乐与动物形象之间的联系，从而提高其音乐感受力。在设计中，我先让幼儿逐个听辨音乐、猜测动物、模仿动作、熟悉音乐形象，接着用听音乐坐车参观的方式，让全体幼儿进一步了解音乐，最后采用分组的方式，倾听排序后的四段音乐。在整个过程中，从单个倾听到完整倾听，幼儿在教师搭建的阶梯中听辨代表动物形象的音乐，并进行正确表现。这个环节对幼儿的听辨能力是有助推作用的。

## 二、给幼儿充分听辨的空间，让幼儿能根据自己对音乐形象的理解展开想象

对于音乐形象的听辨，每个人都有自己独特的想法，幼儿也不例外。因此，在游戏一开始，我没有直接告诉幼儿要参观什么动物场馆，而是给他们听辨想象的空间，鼓励他们猜猜这段音乐对应的会是什么动物，并说出理由，让幼儿说出自己的感受。给幼儿听辨空间，让幼儿能根据自己对音乐形象的理解展开想象，这也是本次活动的一个亮点。在幼儿进行充分想象以后，再通过讨论，确定所要参观的动物场馆，这样既能满足幼儿的个体需要，增强幼儿的想象力，也可以使得游戏顺利开展。

## 三、选择的音乐形象差异明显，有利于幼儿听辨

本次游戏活动的音乐选择也是比较成功的。为了便于幼儿听辨，我选择了四种形象反差较大的动物：大象、小鸟、马以及袋鼠，音乐来自于圣桑的《动物狂欢节》，音乐的性质能充分表现出大象的缓慢、小鸟的灵活、马的奔跑以及袋鼠的跳跃的形象，这样的音乐幼儿比较容易理解，也适宜他们听辨。

扫一扫，获取现场
活动视频

我将围绕以下几个方面对游戏进行点评：

**一、对年龄段的把握**

本讲的四个音乐游戏，能够让我们感受到执教教师对幼儿年龄特点的把握是非常有经验的。教师将自己对幼儿年龄特点的理解融入了具体的音乐游戏环节之中。

如徐斐老师执教的小班音乐游戏"森林旅行记"，活动目标是"让幼儿在听听、做做、玩玩中，感受乐曲中的重音"。本游戏是听辨游戏，是让幼儿通过耳朵倾听获得对声音、音响的辨别感受能力。对小班幼儿而言，听辨的内容是能听懂简单的音乐信号、听辨乐曲的开始与结束，区别声音的强与弱等。因此，徐老师根据小班幼儿直觉行动性的思维特点，在"森林旅行记"这个音乐游戏中创设了森林旅行的情景，这是一个非常好的游戏题材，一下子就吸引了小班幼儿的注意力，从而在游戏行为上让他们有了跟随、模仿、表现的兴趣，并在后续的两个环节中引导幼儿在游戏中强化游戏规则，即听到重音要做躲猫猫、跳过石子路的动作。教师注重在音乐伴随下引导幼儿随着音乐做相应的动作，用动作解释听辨到的重音。

不过，教师在创设情景时，需要注意情景是否符合幼儿当下对生活的认知经验，以及情景是否合理。如"森林旅行记"的第一个游戏环节，教师引导幼儿在听到重音部分时用盘子作"帽子"遮太阳，但现实生活中，太阳不会忽有忽无；第二个环节，和灰太狼玩捉迷藏，幼儿听到重音部分时用盘子作"遮挡物"，但从活动现场幼儿的反应来说，他们对灰太狼的认识是消极的，感觉它会捣蛋，游戏中动作的关联是把它关起来，甚至是攻击它。为了避免活动中这些无关因素的干扰，情景合理化就显得很重要，教师不妨将游戏的三个情景调整为：情景1，走到树荫下时不用戴帽子，走到阳光下时就戴起帽子；情景2，森林里住着一只孤独的小灰狼，我们和它一起玩游戏；情景3，森林里还有一条奇特的路，音乐石头路。

又如赵洁茹老师执教的大班音乐游戏"印第安人躲猫猫"，活动目标是"尝试用默唱的方法玩游戏，体验用不同方式进行默唱的快乐"。游戏中用到的方法是默唱，默唱的方式是不发出声音，用动作或乐器代替等。

第一，该活动层次清晰。教师从声音躲猫猫环节开始，和幼儿共同梳理默唱的方法。从教案上来看，默唱方法是嘴巴虽然不唱，但是心里要唱，眼睛要看着印第安人。从活动现场来看，幼儿在第一个环节中就出现了拍手、捂嘴躲猫猫的游戏行为，因此教师把从幼儿中获得的方法作为调整后的环节小结，总结了源自幼儿经验表现的默唱方法：用动作表现、用眼睛仔细看,这样才能顺利闯关。

同时,教师有意识地让幼儿在歌唱游戏中感受、理解规则。当幼儿获得具体的规则信息后,教师便立即放手,让幼儿根据自己的原有水平进行表现,用经验迁移的方式建立自己的游戏经验,做到学一点、用一点,也就有了后来的动作、乐器、增加音乐速度躲猫猫等环节。不过,游戏中用乐器躲猫猫的环节,其形式方法实则等同于声音、动作躲猫猫的环节,教师在设计游戏的过程中是否可以转变游戏思路,逆向思维,如小铃的使用是在歌曲演唱部分,而躲起来的小印第安人的表现则是保持小铃不发出声音,这样的思维碰撞与动作刺激想必会带给幼儿新的挑战,游戏的层次性也会有一个提升。

纵观整个游戏过程,幼儿在默唱游戏中既要保持高度的专注力,又要通过耳朵的倾听锻炼自己内心的节奏感,游戏是符合大班幼儿年龄特点的,并通过音乐游戏的开展进一步推进对大班幼儿他律性与自律性的培养。那么,怎样的音乐游戏才是好玩的、百玩不厌的呢?答案一定是音乐特性鲜明、规则不复杂的,且不必被条条框框束缚,但又充满多变性的游戏。那么"印第安人躲猫猫"恰恰符合了刚才的特点。游戏的规则是躲起来的小印第安人不能唱,这是一个定量;多变性体现在躲起来的小印第安人的数量和位置是有变化的,教师钢琴伴奏的速度也是变化的,这些都是变量。在整个游戏中,定量、变量交互作用,激发了幼儿参与活动的兴趣,所以幼儿在活动中的兴趣是高涨的、持久的。

第二,多用提问的方式来引导大班幼儿关注游戏的规则,帮助幼儿建立判断、发现、归纳、总结等学习习惯。在音乐游戏中,教师的提问很重要。幼儿首先要能听懂音乐,教师的提问一定要抓住教学关键,这样才能引起幼儿的有效思考并作出反应。

如在"印第安人躲猫猫"游戏开始时,教师提问:你用什么方法把8号小印第安人藏起来? 这是帮助幼儿梳理游戏基本的规则,即知道默唱的方法。接着,在幼儿多次尝试默唱后,教师提问:为什么有的小朋友失败了? 其他小朋友是怎么成功的?(注:此处的失败与成功,教师在游戏中多次提及,建议在游戏过程中,变抽象的"成功"、"失败"为具体游戏情景中的行为评价,例如将"成功"变为"这么多小朋友一下子就顺利通关了";将"失败"变为"好像还有一个小印第安人没有藏好")这里与幼儿的互动、分析成功的原因也是对游戏规则的再次剖析,强化幼儿的规则意识,只有所有幼儿都唱对了才能顺利通关。当通关画面出现动作躲猫猫的图示时,教师提问:这一关怎么闯,如何把小人藏起来? 幼儿得到提问讯息后,通过观察图示解析图示含义,了解本关的通关规则,即用动作来玩躲猫猫。游戏规则的习得是幼儿自己判断、发现、归纳和总结出来的。其实在本讲的几个游戏活动中还有许多关键的提问，每一个提问都是围绕游戏目标和幼儿的现场反应提出的，对游戏的开展起到了保障、推进的作用。

音乐游戏的最终目的一定不是结果性的表现，即初探或强化某一音乐要素，幼儿才能玩得开心，而是教师要更关注游戏过程中幼儿能力的发展。比如在游戏中发挥幼儿主动、自觉探索知识的能力，培养他们专注的学习态度，发展其分析、综合能力，激励幼儿主动、自信地参与活动。

### 二、对音乐的挖掘

本讲游戏中的音乐素材都是比较经典的乐曲，如《十个小印第安人》，这首歌曲不仅经久不衰、耳熟能详，而且趣味性也很强。"森林旅行记"游戏中的《拨弦》，停顿、重音的变化很明显，能够激发幼儿听辨重音的兴趣。"逛逛动物园"中，与小鸟、大象、马和袋鼠相关联的乐段部分摘自《动物狂欢节》，其音乐形象是鲜明的。小鸟的音乐能够让幼儿在伴奏中自由地飞翔；大象的音乐是三拍子，根据三拍子强弱弱的特点，教师在引导时要特别注意表现动作的起始位置是否落在强拍上；马和袋鼠的音乐的节奏性要更清晰一些，这样有利于幼儿踏准节奏，从而更好地进行动作表现。在该环节中，幼儿先完整听辨音乐的顺序，然后在参观汽车前集合，虽是对幼儿注意力及记忆力的考验，但比较容易出现规则问题。我的调整建议是：第一，增加汽车图片的数量；第二，引导幼儿听辨到一种动物的乐段后立即表现出动作并在汽车前集合。这样游戏环节能更有序，也能够即刻验证幼儿的听辨结果。

"变圈圈"游戏采用了音乐《单簧管波尔卡》，一开始幼儿跟着音乐有节奏地做踵趾小跑步的动作，以此表现对乐段的完整感受。接着在游戏环节的层层推进中，配合着"6人一个圈"、"4人一个圈"、"3人一个圈"、"2人一个圈"、"1人一个圈"，对幼儿在乐段中不同乐句的听辨与表现也是作不同要求的。此外，在"2人一个圈"的游戏环节，教师要求当乐句结束后，一个幼儿变圈，一个幼儿用红丝巾穿过圈，两个动作同时在一个乐句结束后进行表现，这对幼儿来说要求有些高。我们是否可以将游戏规则变为在第二句乐句结束时变圈，第四句乐句结束时穿圈，并辅以"想一想怎么变、想一想怎么穿"的语言指导，这样更符合幼儿的最近发展区，也能帮助幼儿更好地进入游戏。

总之，教师巧妙地挖掘了乐曲中的音乐元素，并设计和实施了由乐曲与游戏结合的音乐活动，体现了教师对音乐素材的敏感性及其音乐素养。玩转音乐素材，让素材配合游戏要求而变得多元化，体现了其在游戏中举足轻重的作用，是促进幼儿主动参与音乐游戏的基本保障。

### 三、对教具的选择

幼儿的音乐游戏可以辅以各类教具以增强其趣味性,提升游戏的表现力,如彩色的丝巾、伞、盘子等,这些都是较为常用的游戏道具。幼儿可以通过观察、想象,将听到的音乐元素与看到的教具形象地联系起来。教学中的教具并不能仅仅作为道具使用,教具必须与游戏或者活动内容、目的相关联。在学习音乐的早期,幼儿虽无法明确抽象的听觉艺术,教师也无法检验幼儿是否听到了音乐中的音乐元素,但幼儿却能看到用教具表现出的音乐特点,也可以用这些教具将听到的音乐元素表现出来,因此,教具的使用也是教师检验幼儿听觉学习的一个方法。

在"逛逛动物园"游戏环节中,教师让幼儿听辨不同的乐段,并用对应的动作来表现,之后再到展板前领取参观券,这些参观券就是游戏中的道具,但是每种动物形象的参观券只有3张,难免会出现听辨结束后幼儿互相争抢的情况。因此我建议该环节的听辨仍以集体倾听(集体站到对应的展板前)为主,而参观券的分发则由教师主导,分发的依据可以是幼儿的动作表现或游戏规则的遵守等内容。

本讲游戏中的教具还有盘子、红丝巾、多媒体课件。这些教具虽然很朴实,也不复杂,但是它们都可以一物多用。比如盘子,可以一会儿变帽子,一会儿变遮挡物,一会儿变小石子路,且每个幼儿手上都能拿到盘子,这在情感上是能够满足小班幼儿的需求的。又如小印第安人的课件,它在游戏中绝不是一个噱头。我们可以看到,画面的变化性对默唱起到了一个引导、暗示的作用。教具的巧妙运用,不但能够凸显音乐游戏的目的,而且也是辅助幼儿学习和探索必不可少的部分,它为幼儿的探索搭建了一个很好的平台。

### 四、对目标的思考

由于游戏目标是根据游戏内容、幼儿情感发展等多方面内容制定的,因此本讲中的几个音乐游戏,在目标的制定与书写上可以作一些调整。比如"森林旅行记"中"让幼儿在听听、做做、玩玩中,感受乐曲中的重音"的目标可以调整为"运用走步、跳跃的动作感受乐曲中的重音;体验在森林中旅行的乐趣,喜欢和同伴一起旅行"。又如"印第安人躲猫猫"活动,由于它是一个以默唱为内容的闯关活动,因此可以将游戏题目调整为"印第安人闯关",而在第二条游戏目标的制定上,可以体现出对幼儿团队精神、合作力方面的培养目标,具体可以是:乐意与同伴一起闯关,体验团队合作的乐趣。另外在默唱形式上,加快歌曲速度进行默唱表现是一种玩法,还可以让歌曲速度忽快忽慢,从而增加默唱表现的趣味性。

因为在游戏中,幼儿是一起合作努力闯关的,所以我们不难看出,目标定位越清晰,活动的开展就会越有序、越有效。

# 浅谈音乐游戏的设计要素

赵洁茹

孩子天生喜欢游戏,所以游戏是幼儿园最常用的活动形式。比起音乐教学活动,音乐游戏更能得到孩子们的青睐。在玩游戏的过程中,孩子们不仅享受着游戏带给他们的愉悦情绪,也在不知不觉中提高了音乐能力。

音乐游戏是以发展儿童音乐能力为主的一种游戏活动。它以音乐为灵魂,以游戏为手段,让幼儿在游戏中感受音乐的流动、旋律的起伏、节奏的跳跃、音色的变化、速度的统一与变化,并随时根据音乐的变化作出反应,学会听辨不同旋律、节奏、节拍、速度等音乐基本要素,培养听觉、视觉和运动觉,从而达到音乐领域学习的目的。

作为一名教师,能设计出幼儿喜欢的音乐游戏,也是一种专业能力的体现。说起音乐游戏设计,就一定会提到素材、音乐、玩法、规则等游戏的组成部分。这也是音乐游戏设计时所要关注的几个要素。下面就来谈一谈在设计音乐游戏时,对这些要素的把握要点。

## 一、素材的选择——多元广泛

只要你是个有心人,就会发现音乐元素是多元的,它广泛地充斥在我们的生活中。作为一名幼儿园教师,我们一定要有敏锐的视角,设法拓宽自己的思路,从不同的层面、途径去收集各种素材,从而丰富我们音乐游戏的内容。那么,我们收集素材的途径有哪些呢? 在这里给大家举一些例子。

### (一)幼儿热衷的绘本故事

例如,《老鼠娶新娘》讲述的是一个老鼠的女儿美叮当,想要嫁给最强壮的人,几经周折,最后发现最合适的才是最好的这样一个故事。我们根据故事情节,设计了一个幼儿扮演新娘坐花轿、抛绣球的音乐游戏。

又如,《母鸡萝丝去散步》讲述的是母鸡萝丝在农场里散步时,和一只狐狸之间发生的故事。虽然故事情节比较简单,只用了很少的文字来介绍母鸡所经过的地方,但是对故事中出现的各种场景,以及狐狸撞到东西发出的声响的描写都十分生动,因此我们把这个故事设计成配乐的音乐游戏,鼓励幼儿尝试用乐器探索、表现、猜测各种声响。

### (二)经久不衰的民间歌谣

比如《丢手绢》,这是一首传统的歌曲,我们根据歌词进行音乐游戏设计,在唱到"轻轻地放在小朋友的后面,大家不要告诉他"时丢手绢,在唱到"快快抓住他"时才能向身后看,并站起来追丢手绢的孩子,这样歌谣就变成了一个游戏。我们还可以加快音乐的速度,让游戏变得更有趣。

又如《小狗抬花轿》是一首儿歌,但也有歌曲版。由于歌曲中的角色性非常强,因此我们根据歌曲的内容情节,加入幼儿的音乐表演游戏,让幼儿根据歌词内容进行角色扮演,模仿小狗抬花轿、老虎摔跤等内容,让幼儿在感受愉悦情绪的同时,提升对游戏角色的表现力。

### (三)众所周知的传统游戏

比如"抢椅子"游戏,传统的游戏经常会用击鼓的方式来进行,我们也可以选择一段音乐来代替击鼓,让孩子根据音乐的节奏走、跑,当音乐停止时抢座位。

又如"猜领袖"游戏,我们也可以为它配上音乐,让孩子根据音乐的信号来完成猜领袖的一系列任务。猜领袖的人根据音乐信号摘下眼罩,在音乐间奏时,大家一起问:猜猜谁是我们的领袖,听着音乐做动作等等。

### (四)流行传唱的歌曲

例如BigBang的歌曲《Blue》,这是一首节奏比较适宜幼儿游戏的歌曲。我们把它作为背景音乐,设计相应的"报名"游戏。在每一小节的四拍里,我们将动作与班级同伴的名字相结合,前面两拍大家商量用统一的动作表示,后两拍则叫出一个同伴的名字,大家听着音乐轮流循环往复,培养节奏感。

以上这些内容都是很好的音乐游戏的素材,我们教师只要加以设计就能使其成为适合幼儿园孩子的音乐游戏。因此,对于音乐游戏的素材选择,教师要树立多元广泛的意识,只要适合幼儿的内容都能为我们所用。

## 二、音乐的选择——元素清晰

因为是音乐游戏,所以选择音乐是第一位的。我觉得音乐选择的要素就是元素清晰,这里的元素指的是音乐元素。在音乐游戏中,会涉及幼儿的一些音乐能力,也就是所谓的音乐技能。由此,音乐游戏的主要目标就是促进幼儿音乐能力的发展,包括节奏感、音高音低、对音乐形象的把握、肢体表现等,而大部分的音乐游戏会有一个重点指向的音乐能力。所以我认为在选择音乐的时候,要考虑到游戏所指向的音乐能力,也就是所谓的音乐元素是否在音乐中被清晰地体现出来,是否能让幼儿准确感受到。

**(一)促进节奏感——节奏稳定,速度适宜,便于幼儿感受**

如果要引导幼儿听着音乐做动作(如踏步)时,那么音乐的节奏感一定要非常强且稳定,速度要合适。例如《巡逻兵进行曲》,这段音乐就非常适合幼儿听着音乐踏步做动作和玩游戏。

我们还可以选择速度有变化的音乐,让幼儿感受并根据相应的速度用不同的动作加以表现。例如歌曲《森林旅行记》中有三种不同的速度,表现了郊游中不同的走路速度,教师可以引导幼儿欣赏和感受,并尝试进行角色扮演,听着音乐表现肢体动作,玩郊游游戏。

值得注意的是,教师应根据幼儿的能力逐渐变化音乐的速度,由慢到快,让幼儿能够逐渐适应,从而促进其节奏感的提高。例如,"印第安人躲猫猫"的游戏,就是在幼儿熟悉玩法的基础上,不断增减音乐的速度,这样不仅能让游戏变得有趣,也能让幼儿接受音乐节奏方面的挑战,从而得到发展。

**(二)促进听辨能力——清晰鲜明,对比强烈,便于幼儿区分**

能促进幼儿听辨能力的游戏有很多,有的是促进幼儿对音色的听辨,有的是促进幼儿对音乐形象的听辨,这时候音乐选择就要清晰、鲜明、对比强烈,这样才有利于幼儿进行听辨。

例如,在促进幼儿对乐器音色听辨的游戏"和乐器宝宝捉迷藏"中,教师创设了乐器城堡和乐器宝宝玩游戏的情境,让幼儿扮演不同的乐器宝宝。当听到乐器音色时,幼儿用蹲下的动作表示躲起来。当让幼儿听辨音色时,教师可采用纯音色的方式,不用任何的音乐做背景,从而让幼儿能清晰地听辨。

例如,"逛逛动物园"活动是一个听辨游戏,教师让幼儿欣赏不同的音乐,并想象出相应的动物形象。在选择音乐时,我挑选了差异大、形象鲜明的音乐,如灵活的小鸟、笨重的大象、跳跃的袋鼠、飞快的马,这些音乐形象完美地诠释了相应的动物,使得幼儿能很快地辨别出来。

### （三）促进快速反应——信号音乐与过程音乐差异明显，便于幼儿听辨

有的音乐游戏要求幼儿听到某一音乐信号时做一些指定的动作，这时在选择音乐时就要关注音乐信号。信号一定要与过程中的音乐有明显差异，能让幼儿很快地捕捉到，这样他们才能及时地作出反应。

例如，在"金锁银锁"的游戏中，之所以选择《七步进阶》作为游戏音乐，是因为中间的保持伞柄、伞面的音乐和后面要捉或者是逃的音乐反差很大，幼儿一听就能辨别出来，这个音乐能完全取代教师的语言指令，真正达到音乐游戏靠音乐说话的要求。

又如，在"小树和小精灵"的游戏中，幼儿要分角色扮演小树和小精灵，并根据小树和小精灵两个不同的音乐信号，做出相应的动作，这时，两段音乐就要有较明显的差异。

所以，在对音乐进行选择时，除了总体的常规要求以外，还要从此次游戏所要发展的幼儿的音乐技能方面去考量，让音乐元素在音乐中充分地显现出来。

## 三、游戏的玩法——简单有趣

每一个音乐游戏都有自己基本的玩法，而这个玩法能否让幼儿很快地玩起来，是游戏成败的关键，因此在设计的时候一定要考虑以下几个因素：

### （一）游戏玩法简单

在给幼儿玩游戏时，玩法一定要简单，即用一两句话能介绍清楚。因为大部分的游戏玩法都是通过教师的语言来向幼儿介绍的，如果玩法过于复杂，势必会给教师的介绍带来一定的麻烦。此外，当教师用较长的时间向幼儿介绍游戏玩法时，会削弱幼儿对游戏的兴趣，也有可能让他们在玩的过程中会因为不知道玩法而导致游戏无法进行下去。我们要明确一点，玩不来的游戏，幼儿当然不喜欢。

例如，在二期课改学习书上有一首歌曲《菜场》，我设计用默唱的方式玩游戏，玩法非常简单，要买的菜不唱出来，就代表买到了这种菜。幼儿很容易理解，玩起来就有兴趣，也能很快地掌握游戏规则。

又如，让幼儿感受音乐中的休止。我们创设了学做小学生的情景，分两个层次进行游戏。第一层是模拟上语文课，幼儿模仿小学生举手，游戏规则是：有音乐的时候代表老师说话，音乐停顿的时候代表小学生要举手发言。第二层是模拟上体育课，游戏规则是：学生在有音乐的时候模仿各种运动项目进行锻炼，在音乐停顿的时候休息。这个在情景中进行的游戏，玩法也非常简单，幼儿一听就能明白。

## （二）游戏玩法有趣且富于变化

简单的游戏幼儿喜欢，但是如果每次的结果都是重复的，幼儿玩了几次以后就会失去兴趣，因此我们设计的游戏应该是有变化的，特别是游戏的结果应该是富于变化的。这样就算用相同的玩法进行游戏，但是结果充满不确定的因素，也能引发幼儿不断游戏的兴趣。

例如，"小鸡长大"的游戏，玩法简单，就是猜拳，但是非常有趣，因为每一次猜拳的结果都不一样，这种不可预知性让幼儿很喜欢。

又如，富于变化的游戏"小青蛙跳荷叶"，教师提供四张荷叶，四人以上幼儿参与游戏。幼儿听着音乐模仿青蛙跳，音乐结束后跳上荷叶，这种玩法使得每一次每张荷叶上的幼儿人数不同，在不断的变化中使他们的节奏感得到提高。

## 四、游戏的规则——注重能力

游戏规则是音乐游戏的重要组成部分，所有的音乐游戏都应该是有游戏规则的，而且这些规则往往是针对这个游戏对幼儿音乐能力的发展的作用而制定的，因此在设计游戏、制定游戏规则时，一定要注重幼儿的音乐能力，将这个音乐能力与规则有机地结合在一起。这样，幼儿在遵守游戏规则的同时，音乐能力也能得到相应的发展。

例如，音乐游戏"传球"就是旨在培养幼儿听辨快慢节奏的音乐能力。玩法是跟着音乐节奏传球，规则是音乐快传球速度就快，音乐慢传球速度就慢，同时要注意根据音乐的变化变换传球的方向。幼儿要是能遵守规则，完成游戏，节奏感自然就能得到发展。

又如，音乐游戏"森林旅行记"，是让幼儿在听听、做做、玩玩中，感受乐曲中的重音。在听到重音的时候，幼儿可做出各种各样的动作。如果幼儿能遵守规则，按要求做出相应的动作，那么他们对音乐的感受能力也就得到了发展。

总结以上所提到的四点：素材选择（多元广泛）、音乐选择（元素清晰）、游戏玩法（简单有趣）、游戏规则（注重能力），这些都是音乐游戏设计的基本要素，教师只要在设计游戏的过程中充分综合地考虑这些元素，就能设计出有价值的、有益于幼儿发展的音乐游戏。

**参考文献：**

1. 陆春燕.原创音乐游戏的创编法则［J］.山东教育，2011（12）：35—37.

2. 许卓娅.欣赏活动（第二版）［M］.南京：南京师范大学出版社，2015.

备注：讲座中提到的部分游戏由爱上课俱乐部音乐组成员设计。

## 七步进阶曲

回忆乐曲《七步进阶曲》,尝试带领幼儿欣赏该乐曲,并发现其中的变化。

1. 思考: 可以用什么乐器来代表乐曲中的音乐变化?

2. 操作:

(1)尝试将传统游戏《金锁银锁》与《七步进阶曲》结合,设计一个音乐游戏。

(2)如何设计游戏玩法才能充分调动幼儿参与游戏的积极性? 怎样根据乐曲的曲式特点来制定游戏规则?

# 第五讲

## 在音乐游戏中

## 引发幼儿

## 主动学习的思考

### ·导读

　　本讲关注的是幼儿在音乐游戏中学习能力的提升。学习是一个激发学习者内在学习动机，使其主动、积极地参与到学习环境中，并使其感受或行为发生变化的过程。教师在音乐游戏中要擅于为幼儿提供自我发展的空间，让幼儿感受音乐和游戏带来的快乐和趣味，并能够根据音乐进行想象和创造性的表演，学习游戏规则，体验游戏的情景与内容，从而提高学习的积极性。

# 一只狼（大班）

## 唐 颖

## 游戏背景

《幼儿园教育指导纲要（试行）》中指出："满足幼儿多方面发展的需要，使他们在快乐的童年生活中获得有益于身心发展的经验。"对于大班幼儿来说，他们即将进入小学，进入脑力激荡的课堂，较好的倾听能力、注意力有助于他们迅速适应小学生活，高效地获取知识。因此，我将听辨作为重难点，加入各种音乐元素——实物音效、乐器、歌词，使音乐游戏不断推进，使幼儿在游戏中提高自身的音乐综合素养及倾听能力，为进入小学阶段打好基础。

## 游戏目标

1. 能根据不同音色的信号对相应的角色任务作出快速反应。
2. 随着游戏的不断推进，感知倾听的重要性。

## 游戏准备

1. 物质准备：钢琴、丝巾、胸牌、乐器、贴纸。
2. 经验准备：幼儿会唱歌曲《一只狼》，并了解游戏规则。

图1 铃鼓

## 一、情境导入——复习歌曲

1. 提问：狼妈妈时常给你们唱一首关于狼的歌，你们会唱了吗？带领幼儿复习歌曲《一只狼》。

2. 提问：把你们最想看到的东西唱给我听听。

3. 小结：我的小狼们能把自己的想法大声清楚地唱出来，你们真是长大了。

## 二、游戏"一只狼"——层层递进，提高幼儿的倾听能力

### （一）听真实声音玩游戏

1. 教师：小狼们，今天是你们长大成人的大日子，妈妈想带小狼崽们下山去玩，可是山下也有很多危险，有狼，有羊，还有枪，所以今天在狼山上，我就让你们操练操练，来一场演习对战，看看哪些小狼看到羊能抓着它，看看哪些小狼看到枪能保护自己，哪些小狼看到同伴能友好相处。

2. 重点提示：我的小狼们都有锋利的爪子，为了不让你们的小爪子伤到同伴，我给你们准备了小尾巴，我们抓到别人的尾巴就算赢，没有抓到小尾巴逃到座位上也算赢。（给幼儿分发小尾巴并塞进衣服中）

3. 教师：妈妈为了抓到羊，练就了几门"外语"，我会嚎叫寻找同伴，我会模仿羊的声音"咩咩咩……"，引他们上当，我还会"砰砰砰……"学枪的声音，这次，我就用这些"外语"让你们操练操练，看看你们在山下看到了什么，看哪些小狼反应灵敏，既能抓着羊，还能保护自己。

4. 教师带领幼儿边唱歌曲《一只狼》边表演，老师随机模仿羊、狼、枪的声音，幼儿需根据声音做出正确反应。

5. 重点提问：哪些小狼抓到尾巴了？他们抓对了吗？为什么抓错了，怎么才能抓对？

6. 小结：仔细听清楚狼妈妈的信号，才能准确出击，快速逃脱。

### （二）听乐器玩游戏

1. 教师：小狼们，山下的羊特别聪明，抓他们几次，他们的声音可能就会稍微变化一点，这样你们还能抓住他们吗？

2. 重点提问：哪个乐器比较像枪的声音、羊的叫声、狼的叫声？（铃鼓的鼓声代表枪声，小铃代表小羊的声音，三角铁代表狼的声音）

3. 教师：听清楚，想清楚，抓对了才算赢。教师带领幼儿边唱《一只狼》边表演，并根据老师使用的乐器做出相应的反应。

4. 小结：你们有聪明的小耳朵，再狡猾的对手也不能逃脱。

**（三）听歌词，变速玩游戏**

1. 教师：有了之前的经验，羊和猎人的速度变快了，我怕你们来不及从猎人的枪下逃脱，这回妈妈直接唱出来，很快哦，听仔细了。

2. 小结：小狼崽们真了不起，耳朵灵敏，动作敏捷，可以跟妈妈下山抓羊啦。

## 规则

将幼儿分成两组，一组为狼，一组为村民。幼儿一边唱歌一边游戏，幼儿问"看见啦，看见什么呀？"教师以声效、乐器或歌词回答幼儿"看见啦，看见（咩、铃鼓声或一只羊）"。幼儿快速对应角色任务：如果回答是羊则村民变成羊，狼去抓羊，如果回答是枪则村民用枪打狼，如果回答是狼则互相做友好的动作。抓对或没被抓到的幼儿获得贴纸，抓错或被抓到的幼儿则没有贴纸。另外，对手逃到椅子上坐下后，就不能再抓。

## 想一想

1. 为什么教师没有直接告诉幼儿哪些乐器的声音可以代表狼、小羊和枪声呢？

2. 后续游戏中，教师还可以设计哪些变化？

## 游戏反思

音乐游戏"一只狼"中有三个角色，分别为狼、羊、枪，它们相生相克，类似于我们从小玩的经典游戏"三打白骨精"。因为游戏好玩、有趣、刺激，所以大班的幼儿对此类需快速反应的追跑类游戏非常感兴趣。但是，光好玩是不够的。为了提升游戏的有效性、有益性，我为它插上了音乐的翅膀。

**图2 音乐游戏"一只狼"**

音乐游戏"一只狼"层次清晰,以实际音效、乐器拟音、歌词三种方式呈现结果。幼儿在游戏中演唱歌曲、表演狼的动作,通过听辨不同音色的信号,快速反应出角色任务,使一群兴奋的沉浸在游戏中的幼儿学会控制情绪,冷静倾听狼妈妈发出的信号。由于幼儿有想要赢的愿望,这种愿望驱使他们必须仔细倾听,因此他们能从中感知倾听的重要性。

在后续游戏中,教师可以通过变化音乐的速度、音高等方式不断推进游戏,使幼儿的耳朵更加灵敏,同时也能更懂得静心倾听。

附歌曲:

# 一 只 狼

选自《小青蛙历险记》

歌词改编 唐颖

1 = C  2/4

（ 1 2 3 4 | 3 2 | 7 5 6 7 | 1 - ）

5 4 | 3 - | 2 3 4 2 | 1 - | 3 4 5 3 | 2 3 4 2 | 3 4 5 3 | 2 3 4 2 |

一只 狼　　下山 进村 庄　　东张 西望 东张 西望 想要 吃羊 想要 吃羊
一只 狼　　下山 进村 庄　　东张 西望 东张 西望 想要 吃羊 想要 吃羊
一只 狼　　下山 进村 庄　　东张 西望 东张 西望 想要 吃羊 想要 吃羊
一只 狼　　下山 进村 庄　　东张 西望 东张 西望 想要 吃羊 想要 吃羊

5 4 | 3 - | 2 3 4 2 | 1 - | 5 4 | 3 - | 2 3 4 2 | 1 - ‖

看见 啦　　看见 什么 呀　　看 见 啦　　看见 什么 呀
看见 啦　　看见 什么 呀　　看 见 啦　　看见 一只 狼
看见 啦　　看见 什么 呀　　看 见 啦　　看见 一只 羊
看 见 啦　　看见 什么 呀　　看 见 啦　　看见 一支 枪

扫一扫,获取现场
活动视频

# 捉迷藏（中班）

## 杨 洋

### 游戏背景

　　捉迷藏是孩子们非常喜欢的一个游戏，但是我们熟知的捉迷藏游戏的玩法比较单一。为了增加游戏的趣味性，我结合中班幼儿的年龄特点，以歌曲《捉迷藏》为载体，在歌曲中挖掘可以进行游戏的素材，将其改编成为一个音乐游戏。通过教师所创设的有趣的游戏情景，以及层层推进的游戏规则，引导幼儿在音乐中感受游戏的乐趣，体验游戏给他们带来的快乐。

### 游戏目标

　　1. 在初步会唱歌曲《捉迷藏》的基础上，了解游戏规则，并尝试以改编歌词的方式进行游戏。

　　2. 愿意和同伴一起以合作的形式进行游戏，体验音乐游戏的快乐。

### 游戏准备

　　1. 经验准备：初步会唱歌曲《捉迷藏》。

　　2. 材料准备：大树纸板、房子纸板、雨伞、桌子。

图1　房子纸板

## 游戏过程

### 一、复习歌曲《捉迷藏》

1. 提问：孩子们，你们喜欢玩游戏吗？喜欢玩什么游戏？

2. 提问：今天，我要带你们到大森林里玩捉迷藏的游戏，想玩吗？捉迷藏是怎么玩的呀？有一首歌曲就叫《捉迷藏》，我们先一起来唱一唱。

### 二、玩"捉迷藏"游戏

**（一）讨论游戏规则**

1. 提问：捉迷藏有人躲，有人猜，躲起来的小朋友唱什么？猜的小朋友唱什么？

2. 小结：躲起来的小朋友唱"我是谁，我是谁，请你猜猜我是谁"，猜的小朋友唱剩下的部分。

**（二）初步操作游戏**

1. 教师：大家坐在座位上，闭上眼睛，被我摸到小脑袋的小朋友躲到大树后面，用歌声让大家猜猜你是谁。

（先请一位教师做示范，之后再邀请孩子玩）

2. 邀请一位小朋友躲在大树后面，并根据游戏中出现的情况进行调整。例如：① 提醒躲起来的孩子，声音要响亮；② 引导孩子分清角色进行游戏；③ 要遵守游戏规则，不可以偷看，要靠耳朵听等。

**（三）改编歌词，操作游戏**

1. 教师：除了在大森林里玩捉迷藏的游戏，我们还可以在什么地方玩捉迷藏的游戏呢？（展示PPT：大草原）

2. 所有幼儿离开座位，坐在地上，闭上眼睛，教师邀请其中一名幼儿躲起来。

3. 教师：你们想躲在什么地方？请一个小朋友躲起来，大家靠耳朵来听一听他是谁。

4. 出示道具：房子纸板、雨伞、桌子。教师通过改编歌词的方式带领幼儿进行游戏，如将歌词改为"是谁躲在雨伞下"。

5. 邀请两个幼儿同时躲起来。

6. 提问：还可以躲在什么地方？邀请幼儿躲在桌子后面。

7. 提问：你们听到了几个人的声音？他们是谁？

（两名幼儿同时躲起来的时候，可以先请异性的组合，再请同性的组合）

**（四）尝试变音色演唱**

1. 教师：我们每次都用自己的声音唱，这样别人一下子就能猜到了，那么有什么办法能让别人猜不出是你呢？

2. 提问：我有个好主意，我们把声音变一变，要变得让别人听不出是你的声音，谁来变一变呢？（引导幼儿变音唱）

3. 小结：变声是有点难的，声音可以变得粗，也可以变得细，比如女孩子声音可以变得粗粗的、低低的，男孩子的声音可以变得高高的、细细的。

**想一想**

1. 邀请两名幼儿同时躲起来的时候，为什么先邀请异性的组合？

2. 为什么要让幼儿离开座位，坐在地上进行游戏？

## ● 游戏反思

捉迷藏这个游戏的主要规则就是"躲"与"猜"，什么时候躲、什么时候猜是幼儿讨论的重点。通过幼儿自己的探索，他们将歌曲分成了两部分，一部分由躲起来的小朋友唱，另一部分由猜的小朋友唱。第一次玩游戏的时候，有几名幼儿对游戏规则还不是很清楚，会偷看耍赖，也有幼儿是通过观察旁边座位少了谁来判

图2 "捉迷藏"游戏

断躲起来的人的，但通过教师富有情境性的语言的指导，幼儿进一步弄清楚了游戏规则：这个游戏是要通过听来猜的，而不是用眼睛看的，如果用投机取巧的办法，游戏是没有任何意义的。

弄清楚游戏规则后，我开始增加游戏的难度，从一个小朋友躲起来变成两个小朋友躲

**图3 躲在大树后**

起来,从而激发他们的兴趣。而且,在两个小朋友躲起来的时候,我先邀请男生和女生的组合,再邀请男生和男生的组合(也可以是女生和女生的组合),让猜的小朋友由易到难地听辨声音,从而更有效地锻炼他们的倾听能力。好玩的游戏需要包含多种玩法,比如在本游戏中增加了创编歌词的环节。在该环节,孩子们想出了很多躲藏的地方,并将歌词中的"森林里"改编成自己创编的歌词,相当有趣。当然,层层递进的游戏规则在调动孩子们的积极性的同时,带来的挑战也会越来越大,比如最后改变音色的环节,由于游戏的难度一下子提升了不少,因此对幼儿倾听能力的要求就更高了,当游戏成功的时候,幼儿会欢呼雀跃以此表达自己的喜悦之情,还会为自己的成功而鼓掌,即在层层递进的游戏过程中,让幼儿感受游戏带来的乐趣,喜欢音乐游戏。

附歌曲:

# 捉 迷 藏

曹冰洁词曲

1 = D 2/4

| 1 1̲ 2 | 3 3 | 1 1 | 1 | **(f)** 5 5̲ 6 | 5 | **(p)** 5 5̲ 6 | 5 |
是 谁 躲 在　　森 林 里?　森 林 里,　森 林 里。

| 3̲ 3̲ 3 | 5 5 | 3 3 | 3 | **(f)** 5 5̲ 6 | 5 | **(p)** 5 5̲ 6 | 5 |
说 话 和 我 们　　一 样 的,　一 样 的,　一 样 的。

| 3 | 3 | 5. 5 | 5 | 3 | 3 | 6 6 | 6 |
请 你　听 一 听,　请 你　猜 一 猜,

| **(f)** 5 5̲ 6 | 5 | **(p)** 5 5̲ 6 | 5 | 5 5̲ 6 | 5 5 | 3 2 | 1 ‖
我 是 谁?　我 是 谁?　请 你 猜 猜 我 是 谁?

扫一扫,获取现场
活动视频

# 蓝精灵（大班）

## 宋 燕

## 游戏背景

　　本次活动的主要内容是在游戏的情境中,引导幼儿听辨不同风格的音乐,并且有节奏地表现抛接"雪球"的动作。整个活动在"蓝精灵"的故事情境中展开,教师鼓励幼儿模仿蓝精灵的各种有趣的动作,激发孩子的游戏兴趣,并在游戏过程中反复提醒孩子注意倾听音乐,根据音乐的变化想象故事情节的发展。同时,活动强调幼儿的合作能力,引导他们相互配合、相互协作,最终完成任务——战胜"格格巫",让幼儿的学习品质在音乐情境和游戏中得到锻炼和提升。

## 游戏目标

1.听辨两种不同风格的音乐,能跟着音乐的节奏抛接雪球。

2.在蓝精灵的情景中体验合作游戏的快乐。

## 游戏准备

1.银色沙沙球(人手一个)、碰铃、鼓、格格巫服装道具。

2.音乐《蓝精灵》。

**图1　教师扮演格格巫**

## 一、蓝精灵之舞

教师和幼儿一起听着音乐,欢快地跳蓝精灵的舞蹈,扮演各种不同的蓝精灵角色。

## 二、玩法一:传雪球

通过游戏让幼儿熟悉音乐节奏与旋律。幼儿坐在座位上,听着音乐玩传雪球的游戏,每两拍传一次。

## 三、玩法二:抛雪球

1. 听着音乐的节奏玩抛雪球游戏,每两拍抛一次。

2. 初次游戏,教师可用碰铃声和鼓声作为信号,让幼儿在听到碰铃声抛出雪球,听到鼓声时接住。

3. 再一次游戏,幼儿自己听音乐的节奏,做抛雪球游戏。

## 四、玩法三:合作抛接雪球

1. 幼儿听着音乐,两两合作,玩抛接雪球的游戏,每两拍抛一次。

2. 可以适当增加难度,如加快音乐速度,每一拍抛一次。

## 五、玩法四:格格巫来啦

1. 幼儿倾听格格巫出场的音乐,并商量对付格格巫的方法:如当格格巫出现时,蓝精灵们立即静止不动。

2. 游戏开始,蓝精灵听着音乐自由舞蹈,当听见格格巫出场的音乐时,立即静止不动。两段音乐交替进行,幼儿倾听音乐的变化进行游戏。

3. 教师扮演格格巫,并撑起一把伞,幼儿听着音乐节奏抛接雪球(个别游戏、合作游戏都可以)。当听见格格巫的音乐时,幼儿将手中的雪球抛向格格巫的雨伞。

4. 可以同时邀请几个幼儿一起扮演格格巫进行游戏。

## 规则

(1)听着碰铃声和鼓声的节奏抛接雪球。

(2)格格巫的音乐出现时,蓝精灵必须保持静止不动,否则算输,会被格格巫抓走。

## 想一想

1. 教师为什么选择沙沙球而不是皮球等物品作为游戏教具?

2. 在设计格格巫的逃跑路线时需要注意什么?

## ● 游戏反思

由于蓝精灵是幼儿熟悉的角色,而且幼儿对《蓝精灵》这部电影也非常熟悉,因此选用蓝精灵作为角色素材,可以满足幼儿的兴趣。教师以蓝精灵玩雪球、斗格格巫几个环节展开游戏活动。

图2 听音乐

对于幼儿来说,音乐游戏中的传递雪球环节有一定难度,因此可以对传递的过程进行分解细化,降低游戏难度。例如:可以从徒手无音乐传递到个别幼儿尝试传递,最后再让全体幼儿在音乐中一起传递;也可以通过儿歌的辅助方式帮助幼儿传递等。

扫一扫,获取现场
活动视频

# 迷迷转（大班）

### 宋 燕

## 游戏背景

　　本次活动以孩子们最喜欢的材料——小乐器为中介，利用集体游戏的方式，将智力发展因素和非智力发展因素融合，促进幼儿的音乐经验、合作能力等多方面的发展，提升幼儿的学习品质。同时，借助音乐活动的形式，让幼儿进一步体验身体协同活动的作用，对游戏主题的认知有进一步的提升。

## 游戏目标

　　1. 在听听玩玩中感受不同乐器的音色，倾听、模仿、创编不同的节奏型。

　　2. 在游戏中体验操作乐器的快乐。

## 游戏准备

　　八种小乐器（小铃、串铃、响板、铃鼓、木鱼、圆舞板、沙球、鼓）各3个。

图1　响板

## 一、复习歌曲，熟悉游戏规则

### （一）第一次游戏：6个孩子围成圆圈玩游戏，听见名字中间站

1. 提问：最近我们学会了一首好听的歌曲，叫《迷迷转》，我们可以一边唱歌，还能一边做好玩的游戏，在玩"迷迷转"这个游戏的时候要转圆圈，但是每次往前走的时候，要走多少距离呢？（走一把小椅子的距离）

2. 规则：幼儿边唱歌曲边围着椅子顺时针跑，当唱到"请你快快中间站"这句时，仔细倾听教师的指令，教师叫到哪个孩子的名字，哪个孩子就站到中间。

### （二）第二次游戏：6个孩子围成圆圈玩游戏，符合所述外形特征的孩子往中间站

1. 规则：幼儿边唱歌曲边围着椅子顺时针跑，当唱到"请你快快中间站"这句时，仔细倾听老师的指令，老师说出某些孩子的外形特征，如"红衣服的孩子请你中间站"，幼儿辨别自己是否符合该特征，如符合就站到中间。

2. 指示：仔细倾听，听着音乐走，不快也不慢，眼睛除了看小椅子，还要看前面的小朋友，不要和他靠得太近，听到教师的口令后要迅速反应。

## 二、听辨乐器的音色，模仿教师的节奏型做游戏

### （一）和乐器朋友打招呼，听辨音色，认识新朋友

教师：小乐器们也要来加入我们的游戏了，它们说"迷迷转"太好玩了，也想来参加，你们欢迎新朋友吗？仔细听听，是谁来了？（教师介绍小铃、响板、串铃、铃鼓、木鱼、圆舞板、沙球、鼓）他们也喜欢和你们一样坐在小椅子上。

### （二）手持乐器，模仿教师的节奏型进行游戏

1. 第一次游戏，教师提问：每个小乐器会邀请一个朋友一起玩，这里有6种乐器，所以请6位小朋友。这次我们请小乐器来玩了，所以我们把最后一句改成——什么乐器中间站，好不好？

规则：将6把椅子围成一个圈，6名幼儿围成圆圈玩游戏，每把椅子上放有一种乐器，当唱到"什么乐器中间站"这句时，幼儿就把自己所对应椅子上的乐器拿在手上。当听到教师唱出"小铃小铃中间站"时，就请拿这个乐器的幼儿站到椅子围成的圈的中间，用乐器演奏一个节奏，其他幼儿模仿他，重复该节奏。

提示：拿到乐器后不能发出声音。

2.第二次游戏：听辨教师的节奏型，模仿相同节奏进行游戏。

提问：现在小乐器要唱歌了，怎么唱？仔细听钢琴的指挥，中间的小乐器先模仿钢琴的声音，然后周围的所有小乐器再一起模仿这个声音，好吗？

## 三、幼儿自主创编节奏型做游戏

1.提问：刚才小乐器唱的歌是钢琴指挥的，现在小乐器唱的歌由你们自己创编，行不行？圆圈中间的孩子先唱，圆圈上的孩子学他唱，钢琴也要一起学他唱。然后幼儿听着前奏，将乐器放回椅子，继续游戏。

2.提示：每一个幼儿要演奏出和别人不一样的节奏。

## 四、全体幼儿围成大圈做游戏

1.第一次游戏：模仿钢琴的节奏型。

（1）教师：这个游戏真好玩，现在我们邀请更多的小朋友来玩了，我们一起围成大圆圈吧。幼儿将椅子围成一个大圆圈，教师分发小乐器。

（2）提问：呀，现在的小乐器更多了，让我来找一找小铃在哪里？木鱼在哪里……

（3）规则：18名幼儿围成大圈，边唱歌曲边围着椅子顺时针走，当唱到"什么乐器中间站"这句时，把乐器拿在手上，听教师唱出"什么乐器中间站"时，就请拿这个乐器的3名幼儿站到椅子圈的中间，听钢琴声模仿节奏型。

（4）钢琴先演示节奏，然后中间乐器模仿，接着外围幼儿模仿，像大波浪一样，把好听的声音一层一层传出去。

2.第二次游戏：请老师中间站，幼儿模仿老师的节奏型进行游戏。

（规则同上）

---

**想一想**

1.为什么教师要规定两把小椅子之间的间距为幼儿跟音乐行走的单位距离？

2.为什么教师没有规定通过哼唱来摆放小椅子，而是询问幼儿要不要听琴声摆放小椅子？

## 游戏反思

"迷迷转"活动以游戏的形式来创编各种节奏型,把乐器运用到游戏当中,让幼儿了解不同乐器的音色以及各种演奏方法。教师带领幼儿唱歌曲、拍节奏、玩乐器,其中还包括做律动。

图2 "迷迷转"游戏

该游戏有一定的难度,幼儿要有一定的前期经验。游戏内容符合幼儿的年龄特征,歌词简单,也易于理解、操作。教师用情景贯穿游戏,在活动结束后,还能通过玩小乐器对游戏进行延伸。

在本游戏中,教师的支持、退后很重要,如节奏火车可为之后的音乐游戏做铺垫。另外,在用椅子围成大摩天轮的时候,教师要照顾到全体孩子。游戏不仅要有过程,还要有提升,教师不要疏忽幼儿在游戏过程中的亮点,适时地进行隐性的提升,用节奏性的语言提示和引导幼儿。

教师要在游戏前给予幼儿相关提示,易于他们在游戏过程中的理解,这样就能使他们带着要求去操作,引导他们进行更为仔细的观察。

附歌曲:

扫一扫,获取现场
活动视频

### 迷 迷 转

曹冰洁词曲

| 1 3 | 1 3 | 1 5 | 5 | 1 3 | 1 3 | 1 5 | 5 |
| 迷 迷 | 转 呀, | 迷 迷 | 转, | 迷 迷 | 转 呀, | 迷 迷 | 转。 |

| 5 | 6 | 5 | 3 | 5 | 6 | 5 | 3 |
| 听 | 听, | 看 | 看, | 听 | 听, | 猜 | 猜, |

| 5 6 | 5 3 | 5 6 | 5 3 |
| 听 听 | 看 看 | 听 听 | 猜 猜 |

| 5 4 | 3 2 | 1 1 | 1 | 5 4 | 3 2 | 1 1 | 1 |
| 什 么 | 乐 器 | 中 间 | 站。 | 小 铃 | 小 铃 | 中 间 | 站。 |

爱上音乐游戏——153

一、"一只狼"（大班）

（一）活动分析

1. 情境设置，渲染气氛。活动中，教师巧妙地创设了狼妈妈教小狼学本领的有趣情境，自然而然地将幼儿带入了游戏。游戏中的三个角色"狼、羊、猎人的枪"，它们相生相克，形成一个生物链，"狼"是"羊"的天敌，"狼"又害怕"猎人"的枪声。游戏好玩、有趣、刺激，大班孩子对此类须作出快速反应的对抗型游戏非常感兴趣。

在游戏的第一个环节，教师就在和幼儿讨论规则，即一组幼儿扮演狼，一组幼儿的角色则是可变的，需要倾听教师的音乐信号作出反应。在这里，教师的音乐信号也是有层次性的，先有狼、羊和枪的声音，然后才出现乐器的声音，而且乐器不是由教师来选择的，而是让幼儿通过倾听（如哪种乐器更像小羊的声音），并凭借自己的理解能力将以往的经验迁移到该游戏中，把整个活动整合起来。

2. 倾听信号，思维挑战。在游戏中，教师通过让幼儿倾听不同的音乐信号来挑战他们的思维和听辨能力。幼儿被分成两组：一组扮演小狼，一组扮演村民，当"村民"听到狼的声音时，幼儿就要扮成小羊赶快逃走，小狼组则要追赶。在第一层次的游戏中，幼儿把规则弄清楚以后，后面的游戏才能有序进行。幼儿在游戏中演唱歌曲、表演狼的动作，通过听辨不同音色的信号，快速对角色任务作出反应。在游戏的过程中，大部分幼儿都学会了控制情绪，冷静倾听狼妈妈发出的信号。幼儿要想成为游戏中的胜利者，就必须仔细倾听，不断感知倾听的重要性。教师将各种音乐元素——实物音效、乐器、歌词融入音乐情境中，使音乐游戏能够得到可持续发展，更能使幼儿在游戏中提高自身音乐综合素养及倾听能力。

大班幼儿即将进入小学，较好的倾听能力、注意力有助于他们迅速适应小学生活，这也是幼小衔接课程中需要幼儿获得的一种能力。好玩是音乐游戏设计的初衷，但更有价值的是帮助幼儿提高综合能力。

3. 师幼互动，愉悦身心。教师抓住了游戏的有效时间，将难点前置，做到了张弛结合，取得了不错的效果。活动中，教师的表现富有启发性和感染力，夸张的动作、语言和表情，始终吸引着幼儿的注意。教师善于发现幼儿在游戏中存在的问题，能够及时发现幼儿的问题，再以幼儿能够理解的方式回应他们，引发师幼互动。比如：一个小男孩抓错了小尾巴，教师马上用游戏的口吻问其他小朋友，从而帮助他明确游戏规则，引导他仔细听清楚音乐信号，这样才能去羊村。幼儿在宽松平等的氛围中,在积极愉悦的情绪中,感受音乐的特点,始终积极主动地参与活动。

在选择乐器的过程中,教师也给了幼儿充分的互动空间,让大家讨论哪些乐器的声音更像小羊、狼和枪的声音,幼儿能在互动中说出各自的理由。在与同伴共同探索、游戏的过程中,获得了新的经验,感受到了集体游戏的快乐。教师既是游戏中的引导者,同时也是幼儿游戏的玩伴,与幼儿共同制定游戏的玩法与规则。

(二)改进建议

1. 教师担心幼儿唱不出声音,于是让幼儿大声唱,但是这样又会出现喊叫的情况,建议将歌曲由 C 调升到 F 调,便于幼儿唱出声音。要让幼儿在游戏中发出好听的歌声,就不能忽视教授他们正确的发声方法。

2. 在活动最后环节,教师可以发指令,然后让个别幼儿来唱,引导两组幼儿游戏,教师的"位置"适当退后,观察幼儿游戏的情况。教师在活动中的角色定位由主角转向"平等中的首席",更注重与幼儿在交往中的互动、互惠的关系。这个游戏可以延伸到音乐个别化活动,让幼儿在教师不在场的时候,也能自发玩游戏。

3. 在后续游戏中,教师可以通过变化速度、音高等不断推进游戏,使幼儿的耳朵更加灵敏,更能静心倾听。

### 二、"捉迷藏"(中班)

(一)活动分析

教师选择了幼儿熟悉又喜爱的"捉迷藏"游戏,这符合幼儿的年龄特点。活动的核心意义在于:让音乐游戏既有情趣,又有发展的效益,让幼儿在快乐中学习,在音乐中成长。下面谈几点思考与感悟:

1. 趣味盎然,使音乐游戏富有童趣。

首先,"趣"在选材上。《捉迷藏》是一首民间童谣,由于教师做了前期的准备,使幼儿初步学会了唱这首歌曲,因此在该活动中,幼儿能顺利地通过场景的变化来改编歌词,从而提高了自身的创编能力。

其次,"趣"在情境上。在整个游戏过程中,教师创设了"捉迷藏"的游戏情境。"捉迷藏"是幼儿热衷的经典游戏,他们百玩不厌。在幼儿游戏的过程中,教师也仿佛回到了童年,仿佛是我们在与小伙伴玩游戏。幼儿在感受音乐快乐的同时,通过听辨躲在后面的同伴的音色变化,发展了自身的歌唱能力和听辨能力。幼儿玩在其中,乐在其中。

2. 精心预设,使音乐游戏挑战发展。

"捉迷藏"游戏环节的预设是层层递进的。

(1)首先幼儿讨论在唱《捉迷藏》这首歌时,什么时候躲、什么时候猜。他们通过自己的探索,将歌曲分成了两部分,一部分由躲起来的幼儿唱,另一部分由猜的幼儿唱。在明确游戏规则后,幼儿开始玩游戏。

(2)在"一人躲"环节中,有的幼儿可以通过观察谁不在座位上猜到是谁躲起来了(这其实也是观察能力的培养)。后来教师让幼儿从坐在座位上过渡到坐在地上,这样就需要幼儿靠耳朵倾听了。

(3)在"两人躲"环节中,幼儿要猜躲在树后的分别是谁,这需要他们分辨不同的声音,猜测是哪两个小朋友。这也体现了幼儿对同伴的熟悉和了解程度,他们是否会关注到班级的每一位朋友,把对同伴的关爱也融入活动中。另外,在该环节中,教师也预设了难易程度的递进,比如,先请男生和女生的组合,再请女生和女生的组合(也可以是男生和男生的组合),由易到难的听辨声音,锻炼幼儿的倾听能力。

(4)在最后一部分改变音色的环节中,幼儿要模仿小动物的声音,让猜的小朋友混淆,使游戏的难度一下子提升了不少。因为这对倾听的要求更高,所以当游戏成功的时候,幼儿会欢呼雀跃地表达自己的喜悦之情,会为自己的成功而鼓掌。在层层递进的游戏过程中,幼儿感受到游戏带来的乐趣,真正做到了"玩中学"。

(二)改进建议

1. 在整个活动中,幼儿是通过听辨同伴的音色来进行"捉迷藏"游戏的,那么第二条目标可以调整为"尝试听辨同伴不同的音色,玩捉迷藏的游戏,并体验游戏的快乐"。

2. 在"两人躲"的游戏环节中,可以再增加难度,让幼儿挑战一下,比如猜躲在树和房子后面的分别是谁,这需要幼儿分辨不同的声音发出的方向,从而判断可能会是哪个小朋友。

3. 教师要进行正面引导,表扬用耳朵听的幼儿,不要用反面语言暗示幼儿。

4. 教师可以采用通过歌声请幼儿走出来的形式,如果猜对了,躲着的幼儿会走出来,加强游戏的音乐性。

5. 教师还可以采用歌词不变,让幼儿自主选择躲藏的地方的方式。

### 三、"蓝精灵"(大班)

(一)活动分析

音乐游戏"蓝精灵"富有童趣且不乏艺术美感。教师的肢体动作给予幼儿美的享受,活动的互动也是游刃有余,这和教师自身扎实的专业功底是密不可分的。

1. 在预设中整合,在游戏中学习。

(1)将故事与音乐元素完美结合。教师了解《蓝精灵》故事中不同主人公的特点并能将其结合音乐元素。例如:蓝精灵喜欢在一起游戏,因此教师将这个环节的音乐元素落在了节奏上,让蓝精灵(幼儿)听着音乐抛接球;格格巫总是动脑筋想抓住蓝精灵,因此这个环节的音乐元素则落在了听辨音乐的不同风格上,即让幼儿通过听辨不同段落的音乐,做相应的游戏,让他们知道音乐语言在游戏中的作用。

(2)教具的选择与使用恰到好处。教具银色沙沙球色彩别致、不易滚动、重量适中,适合幼儿进行抛接与投掷活动。在幼儿运动活动中,常常是利用圆形的球来进行抛接活动的,而在音乐活动中,由于幼儿要边听音乐边进行抛接动作,一旦没有接住,教具滚动会影响自己与他人的游戏,因此选用沙沙球是更为安全的。

(3)音乐游戏与运动相结合。听音乐抛接球,两个人抛出节奏感。听辨音色投掷、躲闪沙沙球的活动内容与运动中的投掷有机结合,体现了课程的多领域整合。在进行听鼓声、小铃声抛雪球的环节时,轻轻的小铃声抛得低,响响的声音抛得高,抛的速度也是随着音值的变化而改变,这也丰富了运动的形式。

2. 在欣赏中发现,在聆听中创作。

整个活动在《蓝精灵》的故事情境中展开,教师引导幼儿听辨不同风格的音乐,并且有节奏地表现抛接"雪球"的动作。游戏过程中,教师鼓励幼儿模仿各种有趣的蓝精灵的动作,激发他们参与游戏的兴趣,同时在游戏过程中,反复提醒幼儿注意倾听音乐,根据音乐的变化想象故事情节的发展。

3. 在互动中学习,在合作中体验。

该活动强调合作的能力,即相互配合、相互协作,最终完成任务,战胜"格格巫"。幼儿的学习品质在音乐情境和游戏中得到了锻炼和提升。此外,通过教师与幼儿的积极互动,体现了教师的推动作用,即孩子在前,老师在后。在游戏中,幼儿既有欣赏学习、模仿学习,又有主动学习、合作学习。

(二)改进建议

1. 在"传雪球"环节可以先给幼儿一个固定音值,也就是先不拿雪球,用儿歌帮助其稳定节奏,等他们熟练以后,再用雪球传递。另外,教师可以让大班幼儿讨论不同的传递方法,比如可以先传一个雪球或者先传两个雪球,当音乐停止时,拿到雪球的幼儿扮演格格巫。这样就把传递游戏、抛接游戏和格格巫的躲藏游戏三个环节有机地串联起来,不会让游戏分离开来。此外,雪球传递的方向,也可以随着音乐的变化有所改变。

2. 游戏要让幼儿在原有水平上有所挑战。因为"蓝精灵"是大班幼儿的游戏,这一年龄段的幼儿可能已经不满足于传球、抛接球等游戏内容,所以,教师需要观察幼儿参与活动的积极性,即通过幼儿的投入状态来衡量这个活动是否符合他们的年龄特征、现有水平,适当地加强活动的挑战性。

3. 格格巫的逃跑路线应考虑安全因素,可以设定为固定方向"逆时针"跑,蓝精灵也按着逆时针方向抛雪球,这样幼儿既玩起来了,也不容易发生碰撞。

### 四、"迷迷转"(大班)

（一）活动分析

大班音乐游戏"迷迷转"是通过让幼儿感受不同乐器的音色,倾听、模仿、创编不同的节奏型,来体验操作乐器的快乐,让教师和幼儿都能乐在其中。

1. 音乐性凸显。

音乐的审美感受力是需要通过对音乐要素的感知、理解来获得的。教师能够挖掘游戏中的音乐元素,通过听辨语言信号、乐器音色以及创编节奏型来凸显音乐价值。

（1）对选材、教具的思考。教师能够巧用教具,营造情境氛围。本次活动以幼儿最喜欢的材料——小乐器和常见的小椅子做为教具。教具虽然简单,但是教师的精彩演绎让简单的教具发挥出了它的"大"价值。教师清晰的语言表述、环环相扣的游戏设计,都能帮助幼儿玩起来。

（2）对过程设计的思考。该游戏的音乐性很强,以歌曲为载体,将节奏、音色等音乐元素整合在整个教学活动中。教师对于每一个环节都有周密的思考。在第一环节中,宋老师自编了一首歌曲,通过歌曲先让幼儿熟悉游戏规则,以两个小椅子之间的间距为幼儿听着音乐行走的单位距离。此外,教师特别关注幼儿专注力和倾听能力的培养。在游戏中,教师将幼儿的服饰花纹、颜色,随机地整合到活动中。第二环节中的听辨乐器的音色部分,从模仿节奏到创编节奏,每个幼儿都需要演奏和别人不一样的节奏,这就需要他们专心地听、用心地记、有创意地编,不仅音乐能力得到了提升,幼儿的综合能力也都得到了发展。在最后一个环节中,幼儿热情高涨、自信满满,和全场教师积极互动,现场气氛热烈。

2. 互动性强。

在整个活动中,幼儿参与的积极性很高。教师引导幼儿和游戏材料一起互动,而这些材料都是我们生活中非常常见的物品,如教室里都有的小椅子,教师将小椅子围成一圈一圈的摩天轮,其实这中间有音乐的固定值,每个音乐小节结束时,幼儿小跑步走到椅子前面。此外,还用到了生活中随处可见的小乐器。除了和材料的互动外,教师和幼儿的互动也是非常强的,如教师随机将幼儿衣服的颜色等信息加入游戏过程中,这也是对幼儿倾听和观察等综合能力的考验,让幼儿在这个过程中和教师有随机的互动。还有同伴与同伴之间的互动,当看到同伴创编出节奏型后,幼儿便进行模仿和表演。

3. 自主性强。

教师充分发挥大班幼儿的自主性,给幼儿自主选择权。比如,将小椅子摆放成摩天轮时,询问幼儿:你们选择老师哼唱放小椅子,还是听钢琴声放小椅子?从道具的摆放到幼儿的选择,幼儿的回答,体现了大班幼儿满满的自信心,在"迷迷转"这个活动中,教师创设了宽松愉悦的氛围,用自身的情绪去感染幼儿。每个幼儿都是活动的主体,幼儿在游戏时的那份自在的"心情"营造出快乐的气氛。在这短短的30分钟内,每个幼儿都能在教师的引导下主动投入游戏中,善于学习,善于思考,在音乐声中玩得不亦乐乎,真正做到了快乐学习,快乐游戏,感受到了音乐游戏的无穷魅力。

(二)改进建议

在模仿客人老师的节奏型进行游戏的环节中,请客人老师站在中间会更合适。原因是:从视觉上,是从中心向外围展开;从听觉上,幼儿能更集中地听清楚客人老师演奏的节奏型。从中间的幼儿乐器模仿,到外围幼儿的模仿,再到客人老师拍手模仿,像大波浪一样,一层一层地把好听的声音传出去,效果更佳。

# 在音乐游戏中引发幼儿主动学习的思考

徐 斐

主动学习是指通过创设各种外部诱因,诱发学习者的内在学习需要,使其产生积极、主动、自主、持久的学习动力系统,并将其维持到学习全过程的一种学习状态。从"教"转向"学"是当前幼儿园课程改革的新动向。新课程背景下的音乐活动重视幼儿在活动过程中对音乐自主的感受、探索、表达与创造,这会使幼儿终生受益。在活动中,幼儿不是一个被动的接受者,而是作为一个主动的参与者来进行音乐的感知、想象、再现、创作等活动。以音乐内在的特性和感染力来唤醒他们的主体意识,将集体教学中的"要我学"变为"我要学"、"我会学",引导幼儿主动参与教学过程的各个环节,让他们拥有主动、自我发展的机会,使他们的学习主动性在集体活动中得到更好的发挥和发展,是值得我们一线老师关注和反思的问题。下面从几则音乐游戏案例中与大家分享我的所思所行。

## 一、案例一:小班音乐游戏"水果宝宝在哪里"

关于音乐游戏中"水果宝宝在哪里"的思考,可以总结为以下几点。

### (一)挖掘主题内容,萌发设计灵感

在小班主题活动"苹果和橘子"中,我们设计了以下游戏内容:我最喜欢吃的水果、水果怎么吃、摸一摸、橘皮香香、水果派对等,分别凸显教参中的主题要求,即"区分常见水果的特征,感知它们明显的不同"。我从对"水果派对"游戏的持续观察中发现,有一半以上的孩子在带上水果宝宝的头套时,会生成"打招呼"、"猜猜我是谁"、"躲猫猫"的游戏。可见,这一类游戏是孩子在生长过程中必定要经历的,是深受孩子喜爱的,这触发了我的教学设计灵感。因为在"苹果和橘子"的教参素材中,只有一个音乐欣赏活动"橘子船",相比主题中的其他领域活动,显得有点单薄。于是我们创编了一个音乐游戏"水果宝宝在哪里",以《水果宝宝》原创歌曲作为音乐背景创设游戏情景,新小班的幼儿在与大班哥哥姐姐玩玩、跳跳的互动情景中,能跟着歌词内容进行躲藏,对一些常见水果的进一步认知,引发他们喜欢水果

宝宝的情绪情感,在游戏中获得更多的积极体验。既符合主题要求,又满足了幼儿的兴趣,同时也补充一个幼儿喜闻乐见的音乐活动内容,成就我们一个小小的课程理想。

### (二)根据幼儿特点,创编游戏素材

活动的主题内容有了,那么什么样的音乐适合小班幼儿做"水果宝宝在哪里"的游戏呢? 教师要在掌握幼儿年龄特点的基础上创编音乐。我和其他教师一起想象游戏的玩法并尝试创编原创歌曲《水果宝宝在哪里》,由我园小朋友演唱,运用多媒体软件进行制作。音乐的雏形出来后,我边试听边自己尝试玩游戏,发现根据音乐设计的游戏玩法,幼儿平均每8—10秒就要躲藏和出来一次,而这样过于频繁的变化不适合小班幼儿的年龄特点。我们又尝试着将原来的三段变为一段,说唱部分为"苹果苹果(香蕉、西瓜)在哪里? 苹果苹果在这里。在这里在这里,圆圆的苹果在这里"。经过调整,三句说唱的重复使得歌词与节奏被压缩得更清晰,便于幼儿跟上音乐进行重复游戏,同时也便于老师把握幼儿的年龄特点和学习特点。在对音乐进行调整的过程,也是帮助老师再次把握幼儿特点的过程,以自身的音乐素养来支撑幼儿的主动学习。这样能更好地创设游戏,促使幼儿主动学习。

### (三)巧用教具材料,激发学习兴趣

音乐审美体验与生活体验是紧密相连的,教师可以利用材料创设生动的情境,体现音乐活动的情境性和趣味性,帮助幼儿进入自主学习的状态。幼儿需要在一定的情境氛围中联想、迁移。如在"水果宝宝在哪里"的游戏中,用三个夸张的水果模型营造出有趣的果园场景,加之三个大班孩子的"cosplay"(角色扮演),在视觉上能刺激小班幼儿主动参与到游戏情境中,激发他们参与游戏的积极性。又因为水果模型可以移动,可根据游戏进行变化,这样能适当挑战幼儿习得的游戏经验,对幼儿有兴趣的主动学习起到了一定的促进作用。

### (四)借助榜样示范,诱发音乐表现

《3—6岁儿童学习与发展指南》提出,3—4岁的幼儿"喜欢听音乐或观看舞蹈、戏剧等表演"。其中的教学建议指出"创造机会和条件,支持幼儿自发的艺术表现和创造"。

音乐游戏"水果宝宝在哪里"从幼儿的情感需求出发,采用"大带小"的形式。小班的幼儿非常渴望与大班哥哥姐姐一起活动、学习,也乐于模仿哥哥姐姐的行为。通过欣赏大班幼儿夸张的表演,小班幼儿能真切感受到游戏的乐趣,很快进入音乐情境,与大班幼儿一起做游戏。当大班幼儿扮演水果宝宝出现时,所有的小班幼儿都饶有兴致地欣赏着他们的表演:扮演"西瓜哥哥"的小机灵鬼鼓起腮帮,胖胖圆圆的模样吸引了最多的小班粉丝,他们跟着"西瓜哥哥"像模像样地做着有趣、夸张的动作,在愉快的音乐氛围中大胆表现,显得可

爱、稚拙、滑稽。小班幼儿喜欢与大班幼儿游戏，在情感上彼此易接受、亲近，以"带"引动，带只是一种形式，目的是要引发小班幼儿对音乐的感受，对装扮的喜欢，对一起游戏的向往，让他们享受音乐，享受游戏的过程。在这个过程中，关键是"带"的过程不可预测，因为幼儿是鲜活的、有思想的个体，这种不可预测性预示着美，让我们释怀，我们必将看见幼儿真正的"带"的生动性与自主性。哥哥姐姐的榜样示范，有助于诱发幼儿的音乐表现。

**（五）给予赞赏鼓励，引发自主互动**

在一定程度上，幼儿的艺术表现与创造离不开教师对其的尊重、理解与信任。因此，教师应更多地关注幼儿的情绪体验。以"赏"启情，在"水果宝宝在哪里"的音乐游戏中，教师用赞赏的眼光观察与支持幼儿。通过语言激励生生互动的行为，用肢体语言鼓励幼儿表达表现，最终更好地促进大小伙伴之间的互动。在互动中，可能会出现小班幼儿跟不上节奏的情况，此时老师不应急于追求"带"的立竿见影，不必纠结于多一拍还是少一拍，幼儿是否踩准节奏，教师更多的要重视幼儿在游戏活动中的感受和体验，相信幼儿在日后的游戏活动中能够反复感受、反复体验，把情感、艺术表现融为一体。因此，当小班幼儿根据自己的意愿，到哥哥姐姐那儿挑选自己喜欢的水果挂饰，和哥哥姐姐抱一抱时；当西瓜哥哥总是走在最后，等弟弟妹妹都躲好了他才安心时；当苹果姐姐带走错家门的妹妹找到自己的家时，妹妹马上低头看看自己胸前的挂饰，确认自己是苹果宝宝，而不应该跟着好朋友走；当小班幼儿首次脱离大班幼儿独立游戏，大班幼儿一起欣赏、热情鼓掌时，教师都要给予赞赏的眼神、鼓励和表扬，鼓励幼儿自主地表达和表现，并引发大小伙伴之间互相爱护的情感，共同创造一种愉快的情绪。对于小班幼儿来说，他们喜欢和大班哥哥姐姐一起玩，大班幼儿也喜欢和小班弟弟妹妹一起玩，在这样的过程中，更增添了大班幼儿对小班幼儿的一种责任心和爱心，这样的活动给幼儿带来了一种双赢的结果。

## 二、案例二：中班音乐游戏"玩具兵进行曲"

关于音乐游戏"玩具兵进行曲"的思考，可以总结为以下几点。

**（一）巧设情境，营造主动学习的环境**

情境教学就像一个过滤器，使人的情感得到净化和升华。这种净化后的情感体验具有更有效的调节性、动力性、感染性、强化性、定向性、适应性、信号性等方面的辅助认知功能。音乐游戏"玩具兵进行曲"就是通过多个情境引发了幼儿主动学习的兴趣。整个活动以玩具王国的小主人莎莎的梦境作为游戏主线，通过语言、视觉感受、韵律活动、角色扮演等去感受、理解音乐的美,幼儿愿意模仿各种玩具兵的动作,体验与同伴游戏的快乐。

1.生活引入情境。

玩具是幼儿生活中不可或缺的一部分。在活动的导入环节,教师让幼儿用语言节奏介绍自己喜爱的玩具,既符合幼儿的兴趣热点又不失音乐的节奏性,很快就把幼儿带入"玩具兵"的音乐情境中。

2.语言描述情境。

"玩具王国里发生了一件很有趣的事情,我们一起来听一听,看一看!"在情境教学中,直观的影像与语言的结合对幼儿的认知活动起着一定的导向性作用。语言描绘提高了感知的效应,情境会更加的鲜明,并且带着感情色彩作用于幼儿的感官。教师帮助幼儿打开了视觉和听觉多种感官通道,把他们带入音乐情境,运用音乐小故事,帮助他们体验乐曲的趣味性,激发他们用语言表达对音乐的感受的动力。

3.表演体会情境。

教师与幼儿共同参与动作表演,让幼儿进入角色,扮演各种玩具兵。当幼儿身临其境时,很容易与作品产生情感共鸣。通过观察周围的人或物,用形象的情境把幼儿的情感体验迁移到要模仿的内容上,可以帮助他们深入感知音乐作品。幼儿在宽松、激励、欣赏的氛围中,根据音乐形象尝试着做一做、演一演、比一比。用自己喜欢的方式去学习,幼儿必然会产生亲切感,很自然地也加深了他们内心的体验与兴趣。

4.游戏融入情境。

以幼儿为主体,借助于情境化的语言创设富有趣味的游戏情境。幼儿是一个个可爱的"玩具宝宝",和老师扮演的玩具王国的小主人"莎莎"一同玩游戏,让幼儿在玩耍中快乐地体验音乐。将幼儿这些自发创编的动作逐步转变成较完善的、和谐的、协调的动作,使幼儿在反复表现这些动作的过程中获得愉悦感,在音乐中尽情抒发自己的情感。由于音乐游戏更多的时候是以集体的形式进行的,当幼儿和老师、同伴一起律动时觉得特别开心,游戏情境使幼儿在充满乐趣的音乐中自由地、高兴地律动和表现。

**(二)以境激学,启发主动学习**

1.利用地点模式启发幼儿的想象和联想。

在韵律活动"玩具兵进行曲"中,教师借助情境进行引导,有效启发幼儿去探究、去创造。如老师提问:"我们一起来到玩具王国,在玩具王国里你看到了谁",以此启发幼儿想象和联想,并且做出动作。比如:有的幼儿说看到了芭比娃娃,并且跟随音乐舞动;有的幼儿说看见了小熊、小鸭、巧虎等,并做出相应的动作。在听到玩具、王国等词汇的时候,幼儿会在脑海里搜索并提取,整合出与该词汇有关联的事物。因为幼儿对玩具比较了解,所以他们很快就联想到了自己平时玩耍的玩具,也很容易做出丰富的且与之对应的动作。

2. 利用动态模式启发幼儿迁移已有经验。

如老师提问"你看到的玩具兵在做什么呢",这就会启发幼儿迁移已有的经验,可能是平常看到的(书本、电视、图片等)、听到的(成人的叙述、各种声音的刺激等)以及结合自己平时接触的事情进行联想。有的幼儿做出了小熊兵(如开枪、击鼓、敬礼、吹喇叭)的动作、小木偶兵(一动一停)的动作、小鸭兵的摇摆动作等。他们不仅能想出、做出玩具兵的样子,还能迁移已有经验,想象它在做什么,只要能抓住这一条线索,就可以很容易地创造出丰富的动作。从"个别—集体—个别"的过程中,幼儿在师幼互动、幼幼互动中学习并丰富自己的肢体经验。幼儿仔细观察别人的动作,如:观察他人的动作方向、幅度、速度、节奏等,来探究自己的动作。幼儿十分积极地投入到音乐情境当中,快乐地探究,分享着喜悦。

音乐活动的本意是享受音乐,给自己和别人带来快乐。在韵律活动中,幼儿轻松、自然地进行创造性律动、快乐探究体验是最重要的。

**(三)以境激情,主动表达、表现**

1. 教师要调动幼儿的情感、兴趣,让他们有参与活动的愿望、动机,以促进他们的表达与表现。《纲要》中指出:幼儿艺术活动的能力是在大胆表现的过程中逐渐发展起来的,教师的作用应主要在于激发幼儿感受美、表现美的情趣,丰富他们的审美经验,使之体验自由表达和创造的快乐。幼儿自主的表达表现是音乐教育的核心内容,让幼儿在有趣的情境中快乐创造、尽情展示、共同分享,是音乐活动中十分重要的环节。为了更好地发挥情境教学的作用,教师要考虑无意识与意识的统一,智力与非智力的统一,更多的是一种精神的集中与轻松并存的状态。

在情境游戏中,幼儿扮演着自己喜欢的玩具宝宝,成为小熊兵、木偶兵、小鸭兵。老师一边观察幼儿倾听音乐的能力,一边观察幼儿是否能仔细倾听音乐,如什么时候律动,什么时候在玩具盒里休息等,并且观察幼儿与同伴一起游戏的情况。活动中有一个小男孩模仿玩具兵开车,暂时离开了集体,但随着木偶兵的音乐响起,小车很快就开回来了,这其实是一种音乐信号和规则,让幼儿明白动作和音乐之间该有怎样的联系。音乐情境始终贯穿其中,幼儿用肢体动作大胆表现,慢慢地和同伴也有了默契,体验着音乐游戏的快乐。这时,幼儿的联想在自由驰骋,情绪在随意起伏,感知在暗暗积聚,技能也在与时俱增。这正是情境教学要追求的效果。

2. 清晰的情境线索更容易让幼儿愉快地表达与表现。教师可给幼儿一个线索,如地点情境的线索、类别的线索、运动轨迹的线索、有意义的故事情节线索等。通过让幼儿仔细倾听并充分感受乐曲《玩具兵进行曲》威武、雄壮而又活泼的情绪,给他们尽情发挥想象力的自由空间,让他们自发地使用肢体语言,体验"玩"玩具兵王国游戏的乐趣以及尝试扮演"玩具兵"的愉快心情,并在教师的正确引导下,在音乐情境中充分表达和表现。游戏除了要体现幼儿对音乐作品的创作过程,还要帮助幼儿提升专注力,培养他们静心倾听音乐的好习惯。比如在倾听尾奏这个环节中,让幼儿仔细倾听音乐中发生了什么变化。最后玩具王国的小主人"莎莎"醒了,这些有趣的玩具兵都怎么了?"玩具宝宝"充分发挥想象力,有的躲进玩具盒,有的用双手遮住自己的脑袋,有的做玩具兵宝宝睡觉的姿势,有的学做木头人,做出各种不让"莎莎"发现自己的动作,完全投入到音乐情境中去了。该游戏为每一位幼儿搭建了一个展现自我风采的舞台,遵循音乐作品的意境,让游戏和学习统一,感知体验自由和表现统一,积极引导幼儿进行情感体验,从而让幼儿饶有趣味地投入音乐,真正达到以境动情、情境交融、美在其中的效果。

### 三、案例三:大班音乐游戏"钟表店"

关于音乐游戏"钟表店"的思考,可以总结为以下几点。

#### (一)幼儿从个别化活动主动走向集体活动

个别化学习活动中"音乐小舞台"是幼儿最喜欢去的地方,因为那里既可以学、可以玩,还可以演。比如,可以玩"舞林大会",可以玩"童话剧表演",更可以和同伴对决"上海童谣"。音乐始终萦绕在该过程中,节奏也始终贯穿其中,玩法是多变且有层次的。

12月份,我班主题恰好走到"我们的城市"——逛街。很自然地,我便开始思考:在这个主题中,又该让幼儿玩些什么呢?静下心翻阅着教参,一曲《在钟表店里》进入了我的视线,让幼儿"玩音乐","玩"一下这耳熟能详的世界名曲倒也不错。但是怎么玩?玩节奏、打击乐,还是舞蹈?最后我选择了玩节奏,因为节奏是音乐活动中最基本的要素。于是我把"音乐路牌"悄悄地投放到了"音乐小舞台"中。幼儿发现了这个有趣的"PPT画面",情不自禁地根据要求手舞足蹈起来,连续几天他们都兴趣盎然。有一天,朵朵告诉我这段音乐真好听,我追问,你觉得好听在哪里?她回答:"反正就是好听,像钟在滴答滴答走……"其他幼儿争先恐后地嚷嚷着:"还有上发条的感觉,像布谷鸟的叫声。"他们的这些话,引发了我们老师的思考。我对孩子们说，你们听着音乐试试看，可不可以自己用动作来表现小钟滴答走呢？于是他们尽情的舞动起来，一旁的我也悄悄地观察着，虽然动作不那么完美，但他们很有自己的想法。

此时，我再次翻阅教参，思考接着该怎么做。我根据幼儿的想法，让钟真的"走"起来，使活动变得更好玩。思考中，我感觉到钟表和时间是一个整体，两者之间有着相互依存的关系。因此，除了让幼儿用肢体动作有创意地表现时钟滴答走的形象之外，还要凸显出时间与音乐、时间与生活的关系，运用音乐游戏的方式，把幼儿的部分生活作息时间整合到活动中。就这样，"钟表店"的集体音乐活动应运而生。在钟表店里的游戏情境中，幼儿感受音乐所描绘的钟表形象，在初步尝试用乐器和动作进行表演小钟表的情绪体验下与教师一起参与游戏。教师先扮演钟表店师傅，全体幼儿扮演钟表上的数字与指针，再由幼儿轮流扮演钟表店师傅，完整游戏。幼儿置身其中在玩中学，让环境发挥潜在的情感渲染作用。

**（二）幼儿在"钟表店"里主动"玩"**

幼儿在个别化学习活动中逐渐熟悉旋律、掌握节奏，这为整个集体学习活动"钟表店"的开展打好了基础。我分别通过3个环节达成学习目标。

环节1：在音乐的伴随下，让幼儿用动作解释和表现所听到的音乐。根据音乐《在钟表店里》的主题，让幼儿联系已有的生活经验，开展丰富的想象，其目的在于让幼儿在音乐中想起来、动起来、编起来。

环节2：让幼儿跟随乐曲主题，创造性地用动作表现。这时的我耐心等待，尊重幼儿的想法和创意，帮助他们建立表达和表现的自信。再通过同伴间的经验迁移，让大班幼儿从个体学习到集体共建，在与同伴、老师的互动中产生"共生性作品"，并体验和学习"同伴带给自己的一些好经验"。在合作交流中互相学习，互相补充，激励他们发挥创造潜能，逐步让幼儿学会学习、学会创造、学会分享。

环节3：通过"我们是大钟"的游戏，让幼儿感受在音乐游戏中合作的快乐。同时使幼儿今后能更关注生活中的时钟，以及提高他们对时间的敏感性。

**（三）幼儿重返"音乐小舞台"，延续他们主动游戏的热情**

在30分钟的活动中，幼儿可能并没有展现得很充分、很完美，但是他们的创意、他们的大胆自信、他们的互动学习、他们的合作却在单位时间内有效地发挥出来了。幼儿重新回到了小舞台，游戏还在继续，他们玩了整点玩半点，用自己的身体做时钟指针，还可以结合一日活动的作息时间进行游戏，如听到不同的音乐知道进餐时间是11点，午睡时间是12点，起床时间是12点半。两个幼儿合作发挥自己的创意，有的幼儿说个子高的人做长针，矮的人做短针，也有幼儿提议，一个人用腿当长针，另一个人用手臂当短针。幼儿在音乐游戏中感受合作的快乐，先用身体摆出钟表造型，再根据作息时间的音乐，用身体摆出具体的钟表时间，通过活动，激发了幼儿在今后的生活中关注时钟的兴趣，提高他们对时间的敏感性。幼儿的兴趣、能力是在不断延伸的，他们的音乐欣赏能力、音乐经验以及对音乐的想象力和表现力也可以通过音乐活动得到提升。

幼儿在"个别化学习"中是自发地玩，在"集体学习"中是主动地学，这两者相辅相成。如果幼儿没有在"音乐小舞台"的自娱自乐，可能就没有集体学习中的内化提升和出色表现。幼儿在"钟表店"游戏中的舞蹈表现为何能完成得如此顺利？可能就是"音乐小舞台"的魅力，引发了幼儿对音乐舞蹈的激情和兴趣，使他们轻轻松松地完成了一个自编自演的舞蹈。从"集体学习"再次走向"个别化学习"，从而顺应幼儿的发展规律，使他们产生新的需求。教师把握时机，有效融入幼儿的活动，使幼儿的学习积极性在快乐中得到了延续。

### 四、案例四：小班音乐游戏"小小按摩师"

关于音乐游戏"小小按摩师"的思考，可以总结为以下几点。

#### （一）回归幼儿生活，主动参与审美体验

生活是艺术的源泉，艺术植根于日常生活。艺术与生活紧密连接，可以丰富幼儿的审美体验，提高幼儿的审美感知能力，使幼儿学会用艺术的眼光观察生活，用艺术的方式表现生活、美化生活。

小班的学习活动中有"理发店"这一小主题。幼儿对理发并不陌生，常常会和爸爸妈妈去理发店，有一定的生活经验。对我们角色游戏中的芭比美发屋和麦兜兜理发店，幼儿有极大的兴趣。艺术来源于生活，审美注重体验。结合园本审美艺术课程，我想到了向幼儿提供更多相关的学习信息，于是选择了勃拉姆斯的《匈牙利舞曲》，设计了"小小按摩师"这样一节音乐活动。首先，幼儿通过一系列的活动，如参观理发店叔叔的工作、给爷爷奶奶捶捶背、理发按摩小游戏，积累了一定的按摩经验。然后，我再开展这样一个集体活动，利用这些开放、丰富的信息资源，拓宽了幼儿的视野。

#### （二）欣赏艺术表演，激发幼儿主动学习的愿望

1. 欣赏艺术大师的表演。

活动通过喜剧大师卓别林的理发片段导入，幼儿欣赏艺术大师的表演，使他们感受到艺

术作品的幽默、风趣，熟悉音乐的旋律。通过视觉感受和听觉感受，让幼儿有了朦胧的意识，在动作与音乐之间构建了一种微妙的联系，激发幼儿主动学习的愿望。幼儿也想成为一名小小理发师，探索按摩动作，梳理按摩经验。幼儿虽然有了一定的按摩经验，但是如果立刻让他们跟着《匈牙利舞曲》的音乐节奏进行按摩，似乎有难度。在这里，我加入了语言节奏的环节，编了一首按摩小儿歌：摸、摸、摸摸小脸蛋，搓、搓、搓搓小脖子……幼儿借助儿歌，能跟着音乐做不同的按摩动作，乐此不彼地给音乐赋予动作情节。这样儿歌就为幼儿提供了一个台阶，为后面幼儿跟着音乐节奏做动作做铺垫。当幼儿对音乐产生感觉时，老师的语言就可以逐渐退居二线，因为语言不是一直帮助幼儿的，当幼儿已经有了朦胧意识时，儿歌就退后，当幼儿可以自己进行动作模仿时，老师再适当退后，这样逐层往后退的过程，也为幼儿提供了一个自主探索、自主听辨、自主学习的过程。

2. 欣赏教师的艺术表演。教师应关注对幼儿的观察力和记忆力的培养，让幼儿通过欣赏教师的配乐按摩，了解按摩的顺序，从而激发幼儿做音乐按摩游戏的兴趣。在音乐游戏中，幼儿分角色去表现音乐，即两人一组，一人当顾客，一人当理发师，以此增加活动的趣味性，让幼儿有做小主人的自豪感，在不知不觉中体会乐曲的强弱、快慢，快乐地沉浸在音乐中。

我们努力用一颗童心去了解幼儿的兴趣，并积极、充分地与他们进行情感交流，共同建构经验，激发幼儿的学习动力，使幼儿产生尊重、信任、喜爱的情绪体验，以及体会与同伴一起游戏的快乐，使他们真正做到在玩中乐、在玩中学，走进主动学习的乐园。

## 鲁拉鲁先生的自行车

回忆《鲁拉鲁先生的自行车》的故事和乐曲《骑车》。

1. 思考：你在乐曲中听到了什么内容？乐曲的曲调是否一直保持不变，哪里发生了变化？代表了什么含义？

2. 操作：尝试用适当的乐器来表现故事中的人物和物品，带领幼儿确定不同故事情节的节奏型，并用其他方式演奏出来。